阅读　你的生活

美国中情局涉华国际传播的信息遮蔽
（1949—1972）

# 纸上战场

Covert
International
Communication

CIA's Intelligence Analysis on
China's Media (1949—1972)

陈强 —— 著

中国人民大学出版社
·北京·

本书获得中国博士后科学基金第75批面上资助

资助编号为2024M753008

# 前　言

美国中央情报局（Central Intelligence Agence，简称"中情局"）对中美关系改善前涉华情报的解密，为窥见西方国家对中国的信息过滤以及由此生产出的"作为情报的知识"的内在机理提供了机会。中情局对华开展的长时段、大规模认知战，以无形的知识权力，暗中形塑了美国决策层的对华政策取向，其中所体现出的对新中国认知的早期形态，是我们理解美国朝野"遏制"中国冲动的重要切入点。

作为情报的知识区别于一般意义上的知识，情报形态的知识以小阿瑟·M. 施莱辛格（Arthur M. Schlesinger，Jr）所说的"至关重要的核心"，即美国决策层为受众，构成了美国官僚机构对华认知的基础，并且通过情报共享机制被部分同步给美国的西方国家盟友，在此意义上也构成了其他国家对华认知的部分基础。此种知识以满足决策层的需求为目的，其生产需要经过一整套机制化的信息搜集、处理和提炼，在此过程中，来自中国的信息被中情局"过滤"后进入美国官僚体系且部分共享至其他西方国家，借用爱德华·萨义德（Edward Said）在《报道伊斯兰》中提出的兼具报道与遮蔽意涵的概念"cover"，完成了一种"隐蔽的国际传播"。本书从知识生产的视角，首次将中情局已经解密的涉华宣传情报（简称"中情局解密情报"）纳入国际传播的研究范畴，试图发掘这一"灰色地带"。

尼克松访华前，中美两国的隔绝状态以及西方所谓的"共产主义国家封闭性"使得中情局严重依赖新中国公开发布的宣传信息，并将其作为情报工作的信息来源，在此期间（1949—1972）形成了较为集中的涉华宣传情报。在中情局"宣传分析"工作的驱动下，新中国宣传信息被中情局筛选和过滤，应用于情报分析中，呈现在情报文本上，因此"被国际传播"。中情局对新中国宣传信息的筛选和过滤是其涉华知识生产的核心，涉华知识生产中的"隐蔽的国际传播"问题是本书所讨论的核心问题。

本书系统地梳理了中情局已经解密的涉华宣传情报（1949—1972），建构起中情局涉华知识生产的知识议题框架，以情报的基本属性"知识"作为国际传播、情报学以及知识社会学的理论接合点，将中情局涉华宣传情报的生产与解密理解为其涉华知识生产的两个阶段，探寻中情局作为"把关人"对新中国宣传信息的过滤，即"隐蔽的国际传播"的逻辑与结果。本书综合运用了历史分析法等研究方法，分析了作为"基础认知"知识的《信息报告》等，作为"中苏关系"知识的《硬目标分析》，以及作为"中国与南方国家关系"（简称"中南关系"）知识的《中共在亚非拉》三类解密情报，厘清其在情报生产和情报解密两个阶段中的双重信息过滤与知识生产的结果。

研究发现，中情局在"隐蔽的国际传播"过程中以"共产主义与反共产主义"二元框架为基本遵循，对新中国宣传信息进行工具性理解和使用，以生产"定义"中国的涉华知识为目标，这集中体现了美国所理解的源自新中国的宣传信息的意识形态、价值观念和叙事策略。中情局的情报生产和情报解密是两轮国际传播的过程，涉及"隐蔽的国际传播"中对信息的双重过滤与知识生产。在第一轮的信息过滤与知识生产中，中情局以"工具性"应用为过滤标准，为美国决策层形塑了新中国宣传的基本形态；在第二轮的信息过滤与知识生产中，中情局试图通过对"回溯性"知识的武器化，建构起对新中国史的"他者"叙事。

中情局作为彼时美国对华国际传播的幕后操纵者之一，其尘封逾半个世纪的涉华宣传情报，将冷战时期美国以意识形态划线的行为特征揭橥于世。贯穿始终的信息遮蔽，更是美国维持国家机器延续至今仍未消弭的重要手段。情报文本中中情局对新中国系统性的"误解""拆解""曲解"就是重要例证，其着意构建出的西方中心主义视角下的中国，依然可以在当前美国对华的消极叙事中找到痕迹。

"讲好中国故事"不应止于对"中国版中国故事"的传播，而应同时解构"西方版中国故事"。厘清作为"知识"的中情局涉华宣传情报在国际传播场域"定义"中国的基本逻辑，便可窥见美国国家机器对中国的知识生产及其在国际传播场域的应用。本书对中情局涉华知识生产的观照，是用新的视角解析"西方版中国故事"的生成与作用机理，是从权力的基本来源角度理解西方国家对中国的"定义权"，进而为"中国版中国故事"在国际传播场域与"西方版中国故事"的争衡提供参照。

需要强调的是，彼时中情局对于新中国宣传的关注和分析处于冷战阶段，其对于新中国诸多政治、经济、社会情况的掌握和分析评价存在大量的误解和歪曲，很多数据并不准确。但为了向读者完整呈现中情局对华开展情报分析的过程，文中迻引述了中情局解密情报的文本，仅供参考。

本书以我的博士论文为基础修改而成，能够付梓，得到了中国传媒大学的大力支持。在撰写过程中，我的博士后合作导师廖祥忠教授、博士生导师任孟山教授、策划编辑翟江虹女士提出了大量宝贵的指导意见。在此衷心感谢诸位老师的帮助。希望本书的出版，能够在当前纷繁复杂的国际局势下，助益于中国国际传播的研究与实践。

陈 强

2024 年 10 月

于中国传媒大学

# 目 录

# 绪　论

美利坚西望华夏，但见"千里东风一梦遥"。美国人对于中国的认知，始于汉学家的学术贡献。1947年，中情局成立。一双隐蔽的操纵之手开始巧设藩篱、过滤信息，知识生产成为情报活动的遮羞布，"妖魔化"新中国的早期形态由此构筑。

# 一、从汉学家到中情局：美国涉华传播的"草蛇灰线"

1972 年尼克松访华，标志着中美关系开始走向正常化。此后 50 余年的时间里，中美两个超大型国家在基于自身国家利益的合作和竞争中对彼此有了较为深入的了解，尤其在经济领域形成了全球范围内相互嵌套的局面。近年来，随着中国国家利益的延伸，中国的国际传播开始以一种前所未有的广度触达全球受众。但是，从大众传媒时代所谓的"红色中国的宣传机器"① 到社交媒体时代的"中国政府所属媒体"（China state-affiliated media）标签，在美国所主导的国际传播场域当中，中国的传媒机构和传播内容始终被贬损性地建构为"洪水猛兽"。

自 1949 年中华人民共和国成立至今，由主导国际传播的美国等西方国家"定义"的"西方版中国故事"具备历史沿革与地理跨度即时空双维度上的先发优势，已成为我国"讲好中国故事，传播好中国声音"的最大挑战。这是自冷战时期东西方两大阵营对立时起，中情局对华开展的长时段、大规模认知战历史惯性的延续。广义上的"认知战"，是中情局以信息遮蔽为核心手段，对外（国际传播场域）"定义"新中国，同时对内（美国决策层）"形塑"基本认识的过程。结合当下的美国对华政策，此种认知战的余温仍

---

① 文档编号（FOIA）/ESDN（CREST）为 CIA-RDP79S01011A000600050023-4 的解密情报，以《红色中国庞大的宣传机器开始运转》（RED CHINA'S VAST PROPA-GANDA MILL GRINDS ON）为标题。这篇情报的生产时间为 1969 年 3 月 14 日，内容是介绍中国通过向国外出版书籍和播出广播节目来支持全世界的学生运动和工人起义情况。

未消散。因此，对中情局对华认知战中信息遮蔽的剖析成为必要，这也是本书写作所依托的时代背景和现实需要。

西方国家"定义"中国的权力来源由"西方主要发达国家自身的硬实力、新闻生产能力和知识生产能力"①相互叠加而成，以自洽的话语体系和偏狭的议题网络，在国际传播场域建构出了一个"他者"身份的中国。其中，西方国家针对中国的知识生产，形成了其认知中国的概念和知识体系，诚如费正清所言，这些知识"代表着我们的思想是怎么组织起来进行分析研究的"②。知识生产能力是西方国家"定义""他者"的核心要素，在知识领域所进行的内容生产形塑了国际传播场域对中国的认知模式。基于此种考量，解构西方国家对中国的知识生产，"寻找对现实困惑的合理解释"③，是我国摆脱"他者"定义的逻辑起点。

西方国家对中国知识生产的主流叙事，指的是从传教士汉学到当代中国研究这一跨越几百年且具备严密传承逻辑的知识网络，这一知识网络对中国的内容生产，经由西方知识界流通进大众传媒领域，形成了西方理解中国的概念体系。这是一个跨越了明、清、民国直至新中国，历经了不同意识形态阶段的较长的历史进程。冷战结束后，美国等西方国家出于国家利益与意识形态等多重考量，将

① 任孟山，陈强. "五位一体"与"中国版中国故事"：中国国际传播的象征框架[J]. 现代出版，2022（3）：21-29.

② 费正清. 美国与中国：第4版［M］. 张理京，译. 北京：世界知识出版社，1999：290.

③ 华东师范大学国际冷战史研究中心. 冷战国际史研究：18［M］. 北京：世界知识出版社，2014：8.

大量原本被"遮蔽"起来的内容释放到了国际传播场域。其中，中情局就解密了海量的涉华情报，这些情报中有相当一部分是与国际传播关联度更高的涉华宣传情报。作为"激活的、活化的知识"①，以竞争知识为本质的情报因为其"隐蔽"的属性，始终游离于西方国家对中国知识生产的主流叙事之外，是较为典型的"灰色地带"。

　　所谓"隐蔽"也是指传播者通过对信息的刻意遮蔽，形成人类在认知层面的盲区，以此为受众提供一种"他者"观察视角的行为；从进程角度对国际传播的理解，含括了先验的知识（对目标国家的研究）、交往的过程与传播的结果三个阶段，当前的国际传播实践重视传播策略（过程）与传播效能（结果）的提升，而忽视了作为"他者"的知识生产，使得这一阶段成为国际传播实践中的"隐蔽"角落；从生产"他者"知识的主体来看，包括了显性的新闻媒体、研究机构，以及"隐蔽"的情报组织。中情局涉华宣传情报，是上述三种语境下"隐蔽"语义的接合点，是发掘出西方国家"定义"中国底层逻辑的切入点。西方国家对中国的"定义"是在其话语霸权的基础上，将知识内容作用于国际传播场域而产生的。因此，厘清作为"知识"的中情局涉华宣传情报在国际传播场域"定义"中国的机制与逻辑，可以使我们窥得美国国家机器对中国的知识生产及其在国际传播场域的应用，寻求一种新的视角解构"西方版中国故事"，进而为中国的国际传播实践提供参考。

---

　　① 刘春燕. 对情报学中知识的认识 [J]. 情报资料工作，2010（4）：30-32.

# 二、国际传播的"灰色地带"

考量作为"情报"或"史料"的中情局涉华宣传情报在国际传播场域与中国如何发生关联，是研究者们较少观照的领域。究其原因，一方面，在中情局涉华宣传情报向国际互联网开放之前，文献的可及性面临障碍；另一方面，如何为涉华宣传情报与国际传播的关联做理论性的思考，寻找到情报学与国际传播的接合点，也是一个棘手的问题。这涉及国际传播、情报学以及知识社会学三个学科的交叉融合。具体说来，与本研究相关的学术文献资料主要集中在知识社会学与传播学、情报学与传播学，以及对中情局的研究等几个方面。

## 理论的冰点：作为知识的情报

情报可以作为一种"知识"来理解。张新华等认为"知识的涵义也许是世界上最具有多面性和不确切性的东西"①，因此，对于"知识"这一概念的理解在学界缺乏基本的共识。知识社会学聚焦于知识与社会的关系，王佳鹏认为卡尔·曼海姆（Karl Mannheim）的知识社会学在本质上就是一种知识传播学，其核心问题是"知识在社会与历史进程中的起源、扩散、碰撞和综合过程"②，E. 道尔·

---

① 张新华，张飞."知识"概念及其涵义研究［J］. 图书情报工作，2013，57（6）：49-58.
② 王佳鹏. 知识的起源、碰撞与综合：曼海姆的知识传播思想及其贡献［J］. 国际新闻界，2021，43（7）：80-98.

麦卡锡（E. Doyle McCarthy）认为其中的"知识"是指"被某种社会群体或社会的人们所接受的任何一套思想"①，包括社会语言、规范和世界观等形式，构成了人类的经验。袁光锋等认为"与日常观点的散乱和碎片化相比，知识更具体系性"②，并且认为知识社会学的核心议题之一在于"提供理解框架和生产意义"③。

　　在将情报作为"知识"的理解上，当前学界主要从情报、信息、知识三者的关联上进行分析。彭修义提出"知识的本质是观念化的自然信号和信息，而情报就是意识形态方面的知识，提供的是知识信息，情报离不开信息"④，各种战略战术情报都超越不了知识信息这一特定属性。谢建认为"知识是结构性经验、价值观念、关联信息及专家见识的流动组合，情报是一种特殊的知识，实质上是对知识的一种应用"⑤。刘春燕在对情报的诸多定义进行梳理后，发现很多学者都认可知识性是情报的基本属性，"知识是情报定义中的核心要素"⑥。罗伯特·S. 福特纳（Robert S. Fortner）认为"知识背景"⑦是影响二战后国际传播系统重建的因素，并分析了美国在战后提出的信息"自由流通"观念对国际传播系统的影响。刘海

---

　　①　MCCARTHY E D. Knowledge as culture：the new sociology of knowledge ［M］. London：Routledge，1996：2.

　　②　袁光锋，刘朝璞. 定义"群众"：《乌合之众》在中国传播的知识社会学考察［J］. 新闻与传播研究，2022，29（1）：48 - 65，127.

　　③　同②.

　　④　彭修义. 情报、知识、信息与图书情报工作［J］. 图书馆学研究，1983（4）：5 - 9.

　　⑤　谢建. 竞争情报的知识属性［J］. 现代情报，2006（2）：19 - 22.

　　⑥　刘春燕. 对情报学中知识的认识［J］. 情报资料工作，2010（4）：30 - 32.

　　⑦　福特纳. 国际传播："地球都市"的历史、冲突与控制［M］. 刘利群，译. 北京：华夏出版社，2000：155.

龙认为，面对着传播技术发展对传播研究及传播概念所形成的困境，应该寻找"更稳定的支点"，而知识"作为人类传播的核心概念"就具有这样的稳定性。①

在传播学与知识社会学的结合方面，知识的起源作为知识社会学的重要主题可以与传播学的"把关"研究建立起联系。传播学中的知识一般是从心理学的角度定义的，即知识可以被视为大众传播所导致的认知的结果。国内学界对于知识生产的内涵与外延有过较多的论述，较为代表性的如傅翠晓等对现有知识生产方面的研究成果进行综合后，将知识生产定义为"人类活动中各种类型的知识，如真理、原则、思想和信息等的发明、创作、创新和复制过程，知识生产不仅包含原创性新知识的创造，也包含在已有知识基础上，通过复制和传递过程而产生的新知识的创造"②。吕卫文则认为，知识生产应该突破一般线性思维下的知识更新活动范围的定义，是包含知识应用和创新的一种"社会—认知"③过程。陈薇认为，缘于知识社会学关注价值的演化与再生产，知识也应该被视为贯穿于历史时间的、特定社会劳动的产物，所构建的知识体系深度影响着国家话语权力结构，国家话语是一种特殊形态的知识生产。④ 刘建平

① 刘海龙. 作为知识的传播：传播研究的知识之维刍议 [J]. 现代出版，2020 (4)：23-31.

② 傅翠晓，钱省三，陈劲杰，等. 知识生产研究综述 [J]. 科技进步与对策，2009，26 (2)：6.

③ 吕卫文. 知识生产的"社会—认知"分析 [D]. 武汉：华中科技大学，2009：36.

④ 陈薇. 作为知识生产的国家话语：国际传播中的知识理性与主体性认同 [J]. 南京社会科学，2021 (9)：110-119.

在分析战后中日关系的"钓鱼岛问题"史时提出，"共识行为障碍是知识生产缺位导致基本认知障碍并向逻辑表达不能、传播功能缺失的主流话语障碍发展，造成运用知识方法达致共识形式的主体间关系合理化与公共理性能力的挫折。改变这种状况的启蒙，首先需要'问题史'研究的知识生产"①。

1983年，黄纯元在《情报学刊》上发表《传播学与情报学》一文，指出情报传播模式的研究一直是传播学研究的重要内容，"传播学与情报学之间存在着内在的、本质的联系，传播研究脱离不了对情报的研究，传播问题也是情报研究的基础，任何情报学成果只有通过情报的传播过程才能最终体现出来，两个学科之间存在着共生性和渗透性"②。这是较早将情报学与传播学相结合论述的文章。此后近20年，对传播学的引进随着我国传播学研究的进步而迅速发展。1999年，张锦对近20年来图书情报学引进传播学的研究进行了述评，提出了存在"学科比较研究、传播学成果利用、交叉研究、融合趋同研究与引进本身的研究"③等五种方式方法。

进入21世纪，学界的研究仍然以情报科学引进传播学理论的思考，以及对于图书情报学和传播学交叉的理论分析，抑或是从学科建设角度分析二者的交叉研究为主，但鲜有从传播学角度分析情报档案的学术成果。有学者认为中国情报学处于情报缺失的状态，国内解密档案开放程度低，尤其是涉及宣传的解密档案开放不足，

---

① 刘建平．战后中日关系的"钓鱼岛问题"史：知识生产与传播战略再思考［J］．开放时代，2015（4）：89－113，7－8．
② 黄纯元．传播学和情报学［J］．情报学刊，1983（4）：19－21．
③ 张锦．图书情报学引进传播学理论述评［J］．图书与情报，1999（2）：23－26．

使得在国内学界鲜有二者相结合的研究。周庆安利用外交部解密档案中与对外政治传播相关的 421 份文献，对我国 1949 年至 1965 年的对外政治传播活动展开研究，认为"当时我国对外政治传播的主要传播者层级较高，一定程度上兼顾了传播的客观和平衡，但其中的一些做法，仍然带有明显的时代痕迹和宣传色彩"①。

从解密档案的可及性上来看，国外解密档案较之国内档案更具优势，王迎胜对我国传统媒介出版苏联解密档案相关研究著作的价值得失、出版传播特征及存在的问题进行分析，认为"当前我国学界对史料的分析受意识形态因素影响较小，对中苏历史研究具有深化和细化作用，并且利用苏联解密档案修正了一些历史事实和历史人物事迹"②。

## 实践的盲点：对"宣传"的过滤

本书涉及的核心概念面临着跨学科和多语义的背景，因而在分析了当前学界的研究情况之后，有必要对相关概念的内涵予以明确。

### （一）对"宣传"的界定

"宣传"所对应的英文单词是"propaganda"，是涉华宣传情报书写新中国时出现极为频繁的词语，这涉及美英等西方资本主义国

---

① 周庆安．制度构建与话语探索：从解密档案分析我国外交部门早期对外政治传播形态与特点：1949—1965［J］．北大新闻与传播评论，2014：187－198.

② 王迎胜．苏联解密档案著作传统媒介出版状况探析［J］．黑龙江档案，2016（5）：54.

家对于"宣传"一词的认识问题、美国情报界将分析苏联的思维模式套用到中国的"镜像思维"问题，以及彼时新中国宣传工作本身所发挥的功能与内涵。

一战结束后，西方语境下的"宣传"从中性发展出了否定性的含义，开始与"洗脑""控制心灵""不诚实"等专制特征相联系，"西方公众对宣传一词开始有了坏语感"①。直至二战时期，纳粹德国对"宣传"的滥用，使其成了弄虚作假和不择手段的代名词。冷战开始后，"宣传"便成为西方资本主义阵营在意识形态攻防战中为社会主义阵营所塑造的形象的"符号"之一。所以，美国对于"宣传"一词的运用，是带有浓厚的意识形态背景的。美国对新中国的认知建立在冷战框架之内。在美国情报界，"分析人员最常见的思维局限是镜像思维"②，镜像思维会诱使美国的情报分析人员假定新中国的动机和目标与其已经十分熟悉的苏联趋近一致，用分析苏联情报的思维来分析新中国。"美国现代情报理论的主要目的在于解决如何对抗苏联势力的全球扩张。"③

从冷战开始直至结束，分析苏联一直是美国情报活动的工作重心。在美国看来，社会主义政权都是作为苏联集团的一员而存在的，因此对新中国的认知也被置于对苏联的认知基础上。从传播学经典著作《传媒的四种理论》对于"传媒的苏联共产主义理论"分

---

① 拉斯韦尔.世界大战中的宣传技巧［M］.张洁，田青，译.展江，校.北京：中国人民大学出版社，2003：12.

② 洛文塔尔.情报：从秘密到政策［M］.杜效坤，译.北京：金城出版社，2015：172.

③ 张薇.国家安全情报研究［M］.北京：金城出版社，2021：43.

析中，可以看出美国对苏联集团大众传媒的基本看法："大众传媒
被当作一种工具——即党和国家的工具。它们与其他国家权力工具
和党的力量紧紧结合在一起。它们是维护国家统一和党的统治的工
具。它们是国家发布指示、党开展'揭露'的工具。它们几乎是专
用于宣传和鼓动的工具。它们以负有严格执行的责任为特点。"① 这
种思维作用到美国对新中国宣传的认识上，即认为新中国宣传是社
会主义政权的意识形态工具，是区别于西方国家的大众传媒的，新
中国媒体是"宣传"工具而不是"大众传媒"（mass media），"1949
年中华人民共和国成立。直到 20 世纪 70 年代中期，中国媒体一直
和外界完全隔离。当时的媒体主要作为意识形态工具，为共产党的
政治需求服务"②。美国的这种认识通过解密档案也可以体现出来。
例如，1952 年 3 月一份题目为《共产党对美国使用细菌战的指
控》③ 的解密档案中，就将《人民日报》解释为"共产党机关报"
（an official Communist organ），涉及新中国宣传、媒体、传播等内
容时，"宣传"是出现频次最高的关键词，较少出现诸如"媒介"
（media）、"大众传播"（mass communication）、"媒体"（press）等
指称现代传媒业的词汇。

中华人民共和国成立后，延续了延安时期关于宣传的工作方法
和理念，并参照了苏联在宣传工作中的重要经验，建立了在各级党

① 西伯特，彼得森，施拉姆 . 传媒的四种理论［M］. 戴鑫，译 . 展江，校 . 北
京：中国人民大学出版社，2008：108.
② 麦克费尔 . 全球传播：理论、利益相关者和趋势［M］. 张丽萍，译 . 北京：中
国传媒大学出版社，2016：265.
③ 文档编号（FOIA）/ESDN（CREST）：CIA-RDP79S01011A000600050023-4

委统一领导下、由宣传主管部门组织实施思想宣传的工作运行机制，组建起了全国统一的新闻出版机构，形成了深刻嵌入中国社会的庞大宣传体系。在传播功能上，新中国宣传要承担思想理论建设、党内思想教育、群众宣传鼓动、时事政策宣传、新闻舆论出版等任务；在传播类型上，新中国宣传涵盖了人际传播（宣传网）、大众传播（广播、报纸等大众传媒）、群体传播和组织传播（以单位、街道居委会、村等社群为单元）。基于该历史时期中情局对于新中国的意识形态认知以及新中国自身的客观情况，从保持"价值无涉"的社会科学分析立场出发，本书选择"新中国宣传"作为统领档案内容的关键词。美国情报顾问委员会（Intelligence Advisory Committee，IAC）对宣传情报的理解是"宣传情报还必须估计敌人的宣传意图，必须评估它的宣传效果，还必须包括对其宣传机器的分析——指挥结构、控制、政策、方法和资金"①，这充分体现在中情局涉华宣传情报中。在中情局涉及新中国的宣传情报中，既有对新中国宣传管理机构和传播机构的分析，也有对宣传内容的摘编；既有通过新中国传播机构的发展情况来分析国内国际情势的报告，也有通过宣传内容来分析国内国际情势的报告。

　　美国情报界所理解的"宣传"，其内涵是较为宽泛的，"宣传的使用一直在共产主义战略中扮演着核心角色，宣传不仅仅是口头的、印刷的、广播的，不仅仅是国家领导人的承诺或声明，也不仅仅是一部具有偏见的电影，它还包括贸易展览会、文化交流、展览

---

① 文档编号（FOIA）/ESDN（CREST）：CIA-RDP61-00549R000100230002-8

等活动"①；与此同时，新中国在机构、功能和传播类型上也以较为宽泛的视角定位"宣传"的内涵。基于此，本书所使用"新中国宣传"一词涵盖了这一时期我国宣传机构、宣传行为、宣传内容、宣传效果等一系列传播的内容，而与这些内容相对应的宣传情报，即中情局情报，是本书的研究对象。

**（二）何为"隐蔽的国际传播"？**

中情局涉华知识生产中"隐蔽的国际传播"的问题，涉及中情局对作为信源的新中国宣传的"过滤"以及在情报解密过程中的"过滤"。这牵涉到对本书两个核心概念"隐蔽的"与"过滤"的理解。

秘密的、隐藏的、隐秘的和隐蔽的，在中文语境下是经常可以互换的词语，本书以"隐蔽的"作为概念统领。曾任中情局局长顾问的著名情报学家马克·洛文塔尔（Mark Lowenthal）认为"大部分情报活动都是在秘密的状态下进行的"，对于秘密信息的追求就是"情报活动的主旨"。② 从情报与信息的联系与区别来看，情报之所以能够区别于一般意义上的信息，也是因为其具有"隐蔽的"这一属性。从语义上来讲，秘密的（clandestine）和隐蔽的（covert）是一对通常可以互换的概念，但马克·洛文塔尔与罗伯特·克拉克（Robert Clark）认为"情报领域的秘密和隐蔽有着巨大区别"③，除了都具有"保密"这一特征外，二者的区别在于前者"可以归

---

① 文档编号（FOIA）/ESDN（CREST）：CIA-RDP61-00549R000100230002-8
② 洛文塔尔. 情报：从秘密到政策［M］. 杜效坤，译. 北京：金城出版社，2015：36.
③ 洛文塔尔，克拉克. 情报搜集的五大科目［M］. 孟林，译. 北京：金城出版社，2021：67.

因"而后者"不可以归因"。从这个角度来理解"隐蔽的国际传播",即因为中情局所开展的宣传分析工作的保密性,使得新中国宣传秘密地"被国际传播",强调作为美国情报工作副产品的新中国宣传"被国际传播"的保密性。

爱德华·萨义德的《报道伊斯兰》一书的英文标题"Covering Islam"一语双关,"cover"兼具报道与遮蔽的意思,即"任何相关的论述不论宣称如何的中立、客观、超然,都必然是部分的/偏颇的"①,媒体对于伊斯兰的报道/遮蔽始终使得伊斯兰为人所知,这种报道/遮蔽已形同病症。中情局的情报与媒体的报道一样都"宣称客观",在情报生产即新中国宣传"被国际传播"的阶段与情报解密即涉华宣传情报被释放至国际传播场域的阶段,同样存在着萨义德所言的"遮蔽"。哪些新中国宣传信息进入了情报文本中?哪些涉华宣传情报被释放出来?此角度对"隐蔽的国际传播"的理解,指的是中情局对于新中国宣传与涉华宣传情报的"遮蔽"。

中情局的这种遮蔽,从方法论的角度来看,是采用了一种"信息过滤"的方式。一般意义上的信息过滤被认为是"满足用户信息需求的信息选择过程"。爱德华·S. 赫尔曼(Edward S. Herman)和诺姆·乔姆斯基(Noam Chomsky)在《制造共识:大众传媒的政治经济学》一书中,借用"过滤"一词,提出了新闻要通过媒体的拥有者、媒体的资金来源、新闻来源、压力和意识形态五重"过滤器"面世,以此来解释美国大众传媒的偏向,这是对"过滤"结构性的运用。戴维·温伯格(David Weinberger)在《知识的边界》

---

① 萨义德. 报道伊斯兰 [M]. 阎纪宇,译. 上海:上海译文出版社,2009:109.

一书中分析"信息过载"问题时，也提到了"信息过滤"的问题。戴维·温伯格引述了克莱·舍基（Clay Shirky）对新的过滤技术的观点"新的过滤技术是毁灭性的，尤其在知识的权威性这一点上更是如此"，认为"一些旧式的知识机制，比如报纸、百科全书、教材等，其权威性来自它们为其他人过滤信息这一事实"①。从这一角度来看，在中情局的涉华知识生产中，"信息过滤"是其知识议题偏向的诱因，更是知识权力的来源。

本书所谈到的"隐蔽的国际传播"，指的是在中情局涉华宣传情报生产过程中，作为信源的新中国宣传经过中情局的筛选"被国际传播"，即进入美国官僚体系流通；中情局在涉华宣传情报的解密过程中筛选并释放这些情报，使之进入国际传播场域。其中的"隐蔽的"，蕴含着中情局情报工作的"秘密"属性和中情局筛选新中国宣传信息过程中的"遮蔽"，从行为上来讲即中情局对涉华信息的"过滤"。

## 中情局：国际传播的幕后黑手

从情报的本质上来讲，中情局是一个庞大的信息生产机构，但其身上可供外界研究的资源也受到其"隐蔽"属性的掣肘。当前国内外学界对于中情局的研究集中于中情局的历史、中情局解密情报这两个方面。

### （一）"隐蔽"机构的历史：对中情局的研究

对中情局历史进行的研究，以美国官方披露的情报机构历史文

---

① 温伯格. 知识的边界［M］. 胡泳，高美，译. 太原：山西人民出版社，2014：17.

件资料和相关当事人的回忆录等为史料依据，形成了中情局机构史与个体记忆相互补充的研究特征。鉴于中情局作为情报机构的特殊性，目前的研究以英文资料为主，国内学者对中情局机构史进行的研究集中在机构职能与历史沿革方面。宋涛在博士学位论文《冷战初期美国中央情报（1947—1961）》[①] 中对中情局的发展沿革、体制变化进行了系统梳理。翟强梳理了冷战期间美国宣传战运营机构的情况，"冷战期间，美国政府的对外宣传部门（比如美国新闻署）和情报收集部门（比如中情局）都参与了宣传战的策划和实施。两个部门工作职能不同，美国新闻署强调对外宣传，中情局则利用与外界接触的机会收集情报"[②]。

　　在美国政府的公开文件中，可以了解美国情报机构的建立及其至 1955 年的运行情况。美国政府公开了《情报部门的建立（1945—1950）》(Emergence of the Intelligence Establishment 1945‑1950) 和《美国情报界（1950—1955）》(The Intelligence Community 1950‑1955) 两个政策文件集，通过文件可以考察中情局的建立和机构运行情况。较早的一部英文著作是《机构——中央情报局的兴衰》(The Agency：The Rise and Decline of the CIA)[③]。这部著作涉及 1939 年到 1985 年战略情报局、中央情报组和中央情报局建立和发

　　① 宋涛. 冷战初期美国中央情报局研究：1947—1961［D］. 长春：东北师范大学，2009.

　　② 翟强. 国际学术界对冷战时期美国宣传战的研究［J］. 历史研究，2014（3）：155‑169.

　　③ RANELAGH J. The agency：the rise and decline of the CIA［M］. New York：Touchstone，1987.

展的历史，对涉及的每一位中情局局长也使用了大量的篇幅来论述。但此书的成书时间为冷战仍在继续的 1985 年，大量的情报档案并没有得到解密，使得其支撑材料存在缺陷。《灰烬中的遗产——中情局的历史》(*Legacy of Ashes：The History of the CIA*)[①] 一书讲述了中情局从 1947 年至 2007 年的发展变化，尤其是对冷战期间中情局的隐蔽行动进行了全面回顾。其主要观点有两个：美国没有成功地组建起世界一流的情报机构，这威胁到了美国的国家安全；中情局的隐蔽行动和情报评估是失败的。另外，还有一部著作值得一提——《永远警觉？——中情局 50 年史》(*Eternal Vigilance?：50 Years of the CIA*)[②]，书中的《理解历史文件的自身努力——中情局历史计划简史（1950—1995)》(The CIA's Own Effort to Understand and Document its Past：A Brief History of the CIA History Program，1950‑1995）一文重点对中情局历史审查计划（Historical Review Program）做了概述，这也是后来中情局决定开放解密档案的两大影响因素之一。2020 年出版的《中情局和对安全的追求——历史、文件和文本》(*The CIA and the Pursuit of Security：History，Documents and Contexts*)[③] 以编年史的形式，对中情局成立至特朗普初次当选美国总统时期的重大行动进行了梳理和介绍，其中《中情局隐蔽行动的发展》(The Development of CIA Covert Action)

① WEINER T. Legacy of ashes：the history of the CIA ［M］. New York：Anchor，2008.

② JEFFREYS‑JONES R，ANDREW C. Eternal vigilance?：50 years of the CIA ［M］. London：Frank Cass & Company Ltd. ，1997.

③ DYLAN H，GIOE D V，GOODMAN M S. The CIA and the pursuit of security：history，documents and contexts ［M］. Edinburgh：Edinburgh University Press，2020.

一文介绍了冷战期间中情局主导的隐蔽战的发展沿革。关于近年来冷战史学界兴起的"文化冷战"研究，《胁迫之术——心理战与美国传播研究的兴起（1945—1960）》（*Science of Coercion：Communication Research and Psychological Warfare，1945－1960*）① 一书分析了知识生产中的权力因素，聚焦于中情局深度参与的心理战与传播研究之间的关系。《文化冷战与中央情报局》（*The Cultural Cold War：The CIA and the World of Arts and Letters*）② 一书通过梳理美国政府的解密文件、私人档案资料和对当事人的采访记录等，对中情局参与文化冷战、实施文化干预的秘密计划进行了梳理、叙述。

**（二）对中情局解密情报的研究**

中情局对情报的解密是一个海量情报文本被释放的过程，本部分聚焦于对中情局解密情报的研究回顾。

目前国内外学界唯一以涉华宣传情报为对象进行的研究是赵继珂的《美国中情局涉华宣传情报档案评介》。赵继珂提出宣传情报可以为研究者提供以下三方面内容："详细介绍中情局如何通过搜集解读中国公开宣传信息来获悉中国内政和外交变化的最新动态，并以此找寻扩大对华文化冷战切入点和突破口的具体内容；生动呈现中情局如何通过跟踪分析中国宣传数据变化信息，力求准确探明中国宣传效能所做的系列努力；完整记录中情局为提升美国对华宣传效能所做出的各种尝试。"③ 其他关于"宣传"的研究主要涉及情

① 辛普森. 胁迫之术：心理战与美国传播研究的兴起：1945—1960 [M]. 王维佳，刘扬，李杰琼，译. 上海：华东师范大学出版社，2017.

② 桑德斯. 文化冷战与中央情报局 [M]. 曹大鹏，译. 北京：国际文化出版公司，2020.

③ 赵继珂. 美国中情局涉华宣传情报档案评介 [J]. 中共党史研究，2021（3）：153－159.

报来源的问题。沈志华在分析中情局对华情报评估的情报来源时指出，"来自中国大陆地区出版的各种公开媒体的信息，诸如各种报刊、统计资料等"① 是中情局了解中国的主要情报来源。美国的情报分析师较多将中国的报刊作为分析依据，在评估报告与其他情报分析报告中"引用最多的是《人民日报》《红旗》《解放军报》《文汇报》与中央人民广播电台即中情局所说的'北平②电台'，其次是诸如《北京日报》《河南日报》《南方日报》《中国青年报》等中国的各种省级、地区级的报刊与政府各部委所办的报章杂志"③，对广播电台和新华社电讯的监听也是中情局的一个主要的官方情报源。

沈志华等主编的八卷本《美国对华情报解密档案（1948—1976）》④ 对美国情报机构的设置进行了介绍，并辑录和翻译了两类情报档案：一是美国情报机构定期的或常规的情报综合分析，例如国务院情报和研究署的情报报告，以及中情局的"国家情报评估"（NIE）等；二是情报机构受命撰写的专题报告，一般是针对一些重大事件或问题专门向白宫和总统提交的文件，如中情局的特别国家情报评估（SNIE），书中按照 15 个主题对解密情报进行了划分

---

① 沈志华. 美国中央情报局眼中的中国：冷战时期美对华情报评估综合性文件概述［J］. 史学月刊，2009（1）：79 - 98.

② "北平"是北京的旧称之一。1949 年 9 月 27 日，中国人民政治协商会议第一届全体会议通过决议，中华人民共和国定都北平，即日起北平改名北京。新中国成立后，在相当长的一段时期内不被美国承认，中情局的情报文本中一直称首都为"北平"（Peiping），这种情况直到 1972 年尼克松总统访华后才有改观。

③ 张民军. 透过"竹幕"看中国：中情局对中国内政的情报评估：1950—1965［D］. 上海：华东师范大学，2007：66.

④ 沈志华，杨奎松. 美国对华情报解密档案：1948—1976［M］. 上海：东方出版中心，2009.

和评述。在对中情局解密情报的研究中，对其中的国家情报评估和特别国家情报评估"从总体评估、政治问题、经济问题、军事问题、外交问题五个方面进行分析，可以看出美国情报分析部门和官员观察问题的角度和分析问题的方法，对中国问题的关注点，以及到 20 世纪 60 年代中期以前美国在整体上对中国认知所发生的变化"①。国家情报评估是美国情报界关于美国国家安全事务方面最权威的评估。美国国家情报委员会（National Intelligence Council，NIC）在 2004 年 10 月出版了有关中国的国家情报评估文件汇编《追踪龙脉——美国对毛泽东时代中国的国家情报评估（1948—1976）》（*Tracking the Dragon：National Intelligence Estimates on China During the Era of Mao，1948 - 1976*）②，该汇编由国家情报委员会主席罗伯特·哈钦斯（Robert Hutchins）撰写序言。哈钦斯指出这一汇编是"因为来自美国情报界的整整一代的分析家和高级官员所做出的贡献才编写成的"。对美国最高情报官员的这种"代际"层面的描述，也从另一角度印证了中华人民共和国成立前后至中美建交前后是美国情报界对华分析的一个阶段。

## 美国"中国研究"之秘辛：《情报研究》中的蛛丝马迹

近 40 年来，中情局情报研究中心（Center for the Study of In-

---

① 沈志华，梁志．窥视中国：美国情报机构眼中的红色对手［M］．上海：东方出版中心，2011.

② HOTCHINGS R L. Tracking the dragon：national intelligence estimates on China during the era of Mao，1948 - 1976［M］．Washington：Central Intelligence Agency，2004.

telligence，CSI）一直在发行一份内部刊物《情报研究》（*Studies in Intelligence*），目前在中情局的官网上可以查看自 1992 年至今的《情报研究》所刊载的文章。H. 布拉德福德·韦斯特菲尔德（H. Bradford Westerfield）的著作《中情局的私人世界——来自机构内部期刊的解密文章，1955—1992》（*Inside CIA's Private World：Declassified Articles from the Agency's Internal Journal，1955‑1992*）① 全面介绍了中情局的历史和基本结构，并对《情报研究》中的部分文章进行了摘录，作者在书中介绍了文章的背景，并解释了文章的选择过程，但并没有将《情报研究》对中国的研究作为独立主题。

通过检索中情局网站电子版《情报研究》所开放的 1992 年至今的《情报研究》，有 13 篇涉及中国的情报研究文章，可以部分体现中情局情报研究者对于涉华研究的一些理念，同时鉴于中情局情报解密的历史审查计划也由情报研究中心负责，《情报研究》中的文章也可作为历史审查计划的研究成果。《20 世纪 30 年代美国海军对中国的一次情报任务——另一个时代的操作》（A US Naval Intelligence Mission to China in the 1930s：Operations in Another Time）② 一文对美国在二战前收集军事情报的方法进行了介绍。此前，关于美国针对日本的军事情报行动，尤其是来自中国的情报行动，各媒体鲜有报道。文中以罗斯福 1932 年当选总统后的海军事

① WESTERFIELD H B. Inside CIA's private world：declassified articles from the agency's internal journal，1955‑1992 ［M］. New Haven：Yale University Press，1995.

② NOBLE D L. A US naval intelligence mission to China in the 1930s：operations in another time ［J］. Studies in Intelligence，2006，50（2）：36‑42.

务复兴为背景，介绍了特工沃尔顿（Worton）被派往中国，以一名寻找新生活的前警官的身份为伪装，在南京结识了戴笠。沃尔顿在中国招募了 30 多名间谍，包括发现北京人化石的著名古生物学家皮埃尔·夏尔丹（Pierre Chardin），通过这些间谍组成的谍报网络搜集情报。在《中国情报史学的过去与现状》（The Past and Present State of Chinese Intelligence Historiography）[①] 一文中，作者钱伯斯博士（Dr. David Ian Chambers）对中国共产党成立后的情报工作历史进行了梳理，认为西方学者研究中国情报史的适当平台根本不存在。文章从 20 世纪二三十年代中国共产党的情报工作做出的巨大贡献开始，一直论述到 20 世纪七八十年代。该篇文章是依据公开出版的资料信息拼凑而成的"中国情报史"，体现了中情局情报研究人员对中国公开出版信息的运用。

《情报研究》中有两篇文章涉及中情局的前身战略情报局（OSS）在中国的行动历史。在《在龙门——战略情报局在远东：近代公共文学中的情报》（At the Dragon's Gate：With the OSS in the Far East：Intelligence in Recent Public Literature）[②] 一文中，作者指出战略情报局在中国的行动披露得很少，所以文学作品《龙门》（The Dragon's Gate）是具有回忆录的价值的，为了解 OSS 在中国的运作提供了参考。回忆录性质的文章《从欧洲到中国——一个战略情报局老兵的思考》（From Europe to China：An OSS Veterans

① CHAMBERS D I. The past and present state of Chinese intelligence historiography [J]. Studies in Intelligence，2012，56（3）：31 - 46.

② FENN C. At the Dragon's gate：with the OSS in the Far East：intelligence in recent public literature [J]. Studies in Intelligence，2006，50（2）：23 - 26.

Reflections)① 中，涉及了战略情报局老兵罗伯特·R. 凯赫（Robert R. Kehoe）在 1945 年来到中国之后的见闻，文中提到："特别是国共两党领导层之间的分歧，以及蒋介石政权的不稳定性。人们有一种印象，甚至连罗斯福总统也倾向于认同史迪威相信有可能与共产党建立某种形式的合作关系，共产党目前控制着中国北部和西北部的大部分地区……我们收到的情况介绍强调了我们将面临的政治复杂性。国民党对 OSS 团队可能与共产党合作的建议反应消极，共产党经常处于非常规战争的理想位置并且在这方面经验丰富。据我所知，目前唯一被允许的合作是在日本宣布投降后，协助在满洲战俘营的救援行动。"在《在陈纳德和中国情报问题》（Claire Lee Chennault and the Problem of Intelligence in China）② 一文中，作者鲍勃·伯金（Bob Bergin）指出了陈纳德来到中国即重视情报工作，值得一提的是陈纳德拒绝了戴笠的情报协助："我避免了与臭名昭著的国民党秘密警察结盟，虽然他们可能是有用的，但戴笠的人干了追捕共产党的事情，与戴笠合作将意味着我们与共产党军队结束战场上的关系"。在《1944 年迪克西使团——美国情报官员与中国共产党的第一次相遇》（The Dixie Mission 1944：The First US Intelligence Encounter with the Chinese Communists）③ 一文中，

① KEHOE R R. From Europe to China：an OSS Veteran's reflections ［J］. Studies in Intelligence，2017，61（3）：17-30.

② BERGIN B. Claire Lee Chennault and the problem of intelligence in China ［J］. Studies in Intelligence，2010，54（2）：1-10.

③ BERGIN B. The Dixie Mission 1944：the first US intelligence encounter with the Chinese Communists ［J］. Studies in Intelligence，2019，63（3）：11-30.

鲍勃·伯金指出，1944 年的迪克西使团是美国官员与共产党的第一次深度接触。解放战争结束后，华盛顿展开了一场"谁失去了中国"的政治辩论，迪克西使团的角色也受到了质疑。鲍勃·伯金提醒道，不要忘记迪克西使团的出访本质上是一次情报搜集任务，应该对当时的情报成果予以重视。

《情报研究》也刊载了一篇对《中国情报史辞典》（*Historical Dictionary of Chinese Intelligence*）[①] 一书的书评。《中国情报史辞典》是由 I. C. 史密斯（I. C. Smith）和尼格尔·拉纳姆（Nigel Lanham）在 2012 年出版的，记载了从公元前 400 年到现代的中国情报史的工具书，可以通过年表、介绍性文章、参考书目和索引来查询，词典部分有超过 400 个关于机构和特工、操作和设备、间谍技术和行话的参照条目。书评作者彼得·马提斯（Peter Mattis）认为该书不完整且存在误导，《情报研究》还刊载了《中国传统的保密、否认和混淆的观念和方法》（Traditional Chinese Conceptions and Approaches to Secrecy, Denial, and Obfuscation）[②] 一文，作者拉尔夫·D. 索耶（Ralph D. Sawyer）对《孙子兵法》中关于情报和保密的内容进行了分析。

《情报研究》中也有文章讨论中情局对华认知思维中存在的问题。作为中情局战略分析小组分析员的乔什·科贝尔（Josh Kerbel）在《清醒思考——美国关于中国的讨论中的认知偏见》（Thinking

① SMITH I C, LANHAM N W. Historical dictionary of Chinese intelligence [J]. Studies in Intelligence, 2012, 56 (4): 21 - 24.

② SAWYER R D. Traditional Chinese conceptions and approaches to secrecy, denial, and obfuscation [J]. Studies in Intelligence, 2020, 64 (1): 1 - 12.

Straight：Cognitive Bias in the US Debate about China)① 一文中指出，在关于伊拉克大规模杀伤性武器评估的争议之后，在美国外交和情报辩论中最能引起反响的就是长期存在的思维定式和偏见，这种问题在美国对中国的情报工作中非常明显。作者认为，认知偏差"是由简化的信息处理策略引起的心理错误，其不是来自对某一判断的情感或智力倾向，而是来自处理信息的潜意识的心理程序"②。作者指出了在中国情报研究方面存在一种未被认识到的、根深蒂固的、持久的认知偏见，这种认知偏见导致人们将线性行为模板误用到中国。但是就像所有民族国家一样，中国实际上的行为是"非线性的"。《情报研究》在 2006 年也刊载了尼古拉斯·杜伊莫维奇(Nicholas Dujmovic) 关于在 1952 年被中国抓获的两名间谍的文章《极度忠诚——中国的两名中央情报局囚犯（1952—1973)》(Extraordinary Fidelity：Two CIA Prisoners in China，1952‐73)③，这一事件在中情局涉华宣传情报里可以找到对应的资料，1955 年 2 月 2 日的《中情局信息报告——共产党中国宣传被俘美国飞行员》就涉及此事。间谍约翰·唐尼和理查德·费克图在 1952 年执行对华间谍任务时被捕，直到 1971 年基辛格访华才被释放。由于在 1949 年以后丧失了中国大陆地区的人工情报网络，因此中情局一度以为他们已

---

① KERBEL J. Thinking straight：cognitive bias in the US debate about China [J]. Studies in Intelligence，2004，48（3）：27‐35.

② 霍耶尔. 情报分析心理学 [M]. 张魁，朱里克，译. 北京：金城出版社，2015：166.

③ DUJMOVIC N. Extraordinary fidelity：two CIA prisoners in China，1952‐73 [J]. Studies in Intelligence，2006，50（4）：26‐56.

经死了，还编造故事发函告诉其家人两人"在乘坐商业飞机时遇难"。这从另一个角度说明了中情局在中国大陆地区的情报来源相当单一，可以管窥中华人民共和国成立初期中情局获取新中国信息的窘境。

从对既往研究的追溯来看，知识社会学与传播学相结合的研究较为充分，从国际传播的话语权力、知识生产达至民族国家之间的"共识"等角度对知识生产与国际传播的关系进行了探讨。在情报学与传播学相结合方面，学界更多是从情报与信息的关联性角度展开情报学与传播学的融合研究，但较少观照情报的另一个重要属性"知识"与传播学可能存在的结合空间。在对中情局的研究方面，中情局的机构史和个体记忆是当前学界中情局研究的主要内容，但更多的是从历史记忆的角度进行的分析；作为隐蔽机构的中情局所能示人的另一资源就是其解密情报，从当前对中情局涉华宣传情报的研究来看，沈志华等从历史学角度对国家情报中的涉华宣传情报进行了研究。对于中情局解密情报的传播学研究基本处于"处女地"的状态。若将情报视为"知识"，知识生产便成了观照情报生产与情报解密的视角。中情局对于新中国宣传信息的筛选，衍生出了国际传播"隐蔽的"（秘密的/遮蔽的）因素，生产出了西方主流叙事之外的关于中国的知识。从国际传播的信息流动视角来看，国际传播"隐蔽的"（秘密的/遮蔽的）因素就是跨越民族国家的信息流动当中的障碍机制，或者称之为"信息过滤"，这些障碍机制的成因是身处的历史现实，所遵循的逻辑是知识产生权力。因此，在对中情局解密情报的内容分析中，发掘出其在国际传播行为中的障碍机制成为必要。

# 三、中情局以知识生产之名行认知操纵之实的两个支点

## 中情局解密情报（1949—1972）

本书的研究对象是中情局解密情报，以情报文本中所体现的时间为基准，选择了 1949 年至 1972 年中情局生产的涉华宣传情报。

"涉华宣传情报"在中情局所有的涉华情报中较为特殊。一方面，其并非根据所涉主题如政治情报、军事情报、经济情报和安全情报等进行分类。在冷战的大背景下，中情局面对尼克松访华前中美两国相互隔绝、"人力情报"无法发挥作用且严重依赖"开源情报"（OSINT）作为信源的现实，开展了长时段、大规模的宣传分析工作，并与其他情报分析手段相结合，最终形成了情报文本。在中美两国相互隔绝时期，本来多用于"内宣"的新中国宣传，因为中情局宣传分析工作的需要而成了"信源"，进入了中美国家关系的范畴，"被动"地进行了国际传播。因为这一国际传播行为的诱因是情报工作，且情报工作具有"隐蔽的"属性，本书遂将其称为"隐蔽的国际传播"。被动性、隐蔽性、跨国性以及作为"至关重要的核心"（the vital center）的受众是"隐蔽的国际传播"的基本特征。"隐蔽的国际传播"是中情局对其信源即新中国宣传进行"过滤"的结果，以涉华宣传情报的文本为最终的表现形式。另一方面，中情局解密情报内容广泛，中情局通过新中国宣传分析了中国内政和外交的一系列问题，体现了情报用户即美国决策层彼时对华政策的

兴趣所在，更体现出美国在知识生产领域对中国的议题建构。涉华宣传情报由于以美国决策层为受众、以新中国宣传为"信源"和中情局作为美国国家机器这三重特征，集中体现出中美关系正常化前，游离于主流叙事之外的西方国家对华知识生产。

从中美关系史的角度来看，1949 年至 1972 年是一段十分特殊的时期，经历从新中国成立中美隔绝到尼克松访华中美接触，这一时期是美国对新中国认知模式形成的起点。彼时所形成的思维惯性，此时依然在发挥作用，因此有必要厘清 1949 年至 1972 年美国对新中国认知模式形成的底层逻辑，而这一时期的中情局涉华宣传情报就是了解这种逻辑的绝佳史料。"无论过去还是现在，美国外交政策都并非仅由经济考虑驱动，华盛顿官员们都十分关注他们所认为的意识形态威胁"①，1949 年至 1972 年美国对华政策就是典型代表——从基于意识形态分歧选择孤立、遏制中国，到为了对付更大的意识形态敌人苏联而选择接触中国。回到当前的中美关系后会发现，虽然时代不同，但是美国外交政策的决策核心考量没有改变，面对中国的崛起，美国选择牺牲经济利益，对中国采取新一轮的全面遏制和极限施压。

1949 年至 1972 年是中情局对新中国情报工作特殊的 24 年，对作为单一情报来源的新中国宣传的依赖决定了在此期间中情局对新中国宣传信息的收集、分析具有相当的量级。1949 年，经历过三大战役，国民党败局已定，国民政府在中国的统治逐渐崩溃。美国

---

① 加迪斯. 长和平：冷战史考察 [M]. 潘亚玲，译. 上海：上海人民出版社，2011：11.

政界和情报界已经充分意识到中国共产党将成为中国的执政党、一个新的红色政权即将诞生的事实，了解即将成为执政党的中国共产党和即将成立的"共产党中国"成为中情局的要务。检索中情局解密情报也可以发现这一特征，在新中国成立前后这一时期数量最大的系列解密档案《外国文件和广播信息》中，关于中国共产党宣传的内容从 1949 年开始急剧增加，集中出现在 1949 年 10 月前后，因此我们将研究对象的时间起点定为 1949 年。1972 年尼克松访华，中美关系正常化，两国的隔绝状态就此结束，随之而来的政治、经济、文化等各方面的交流迅速增多，中情局对新中国宣传的依赖就此结束，新中国宣传不再是中情局研判中国情势的唯一依据，因此本书将研究对象的时间终点定为 1972 年。

## 涉华知识生产中的"隐蔽的国际传播"

中情局的涉华知识生产，经历了情报生产（秘密）和情报解密（公开）两个阶段。本书聚焦于从知识生产的视角分析中情局涉华宣传情报当中存在着的"隐蔽的国际传播"，所致力解决的核心问题是：在情报生产和情报解密两个阶段中，新中国宣传如何被作为"把关人"的中情局过滤和筛选，最终以"知识"的形态进入国际传播。通过对情报文本的内容分析，建构出中情局对中国建立的知识议题框架和信息过滤框架，探究美国"妖魔化"新中国的早期形态。

在中情局涉华知识生产的第一阶段"情报生产"中，作为信息的新中国宣传被中情局过滤后，"被动"地进行了国际传播，被纳入情报文本，在美国决策层内部流通。这一方面的信息过滤体现于情报文本当中，在新中国成立至中美关系正常化的 20 余年间，中情局在涉华宣传情报中对新中国宣传的选择和使用经历了一个变化的过程：从最初将新中国宣传作为分析基本国情的消息源，到后来将其作为重大事件分析报告的资料支撑；从新中国成立伊始将其作为分析国内事务的依据，到后来将其作为判断新中国外交意图的重要支撑；从最初事无巨细地收录新中国宣传信息，到后来仅高度依赖《人民日报》、《红旗》杂志和新华社。在这个过程中，新中国宣传在情报文本中的表征变化，源于中情局信息过滤行为的变化。

在中情局涉华知识生产的第二阶段"情报解密"中，根据美国《信息自由法》（Freedom of Information Act，FOIA）的要求，1995年中情局组建历史审查小组（Historical Review Panel，HRP）并逐步解密其情报档案。2000 年，中情局解密档案搜索工具（CREST）启用，可以通过美国国家档案馆馆藏电脑查阅已经电子化的中情局解密情报。2017 年，中情局将此解密档案搜索工具向国际互联网开放，使全球用户可免费搜索并下载中情局《信息自由法》电子阅览室（Freedom of Information Act Electronic Reading Room）收录的解密情报。这一阶段对涉华宣传情报进行的解密，本质上是另一种信息过滤，经过过滤，作为"知识"的情报以一种知识议题的形态被释放，构成了知识议题框架。中情局解密情报向国际互联网的开放，意味着这些情报进入了国际传播场域。知识议题框架和信息过滤框架共同构成了"隐蔽的国际传播"的具体行为内容。

# 四、中情局涉华知识生产研究的学术定位与现实锚点

## 确定国际传播、情报学与知识社会学的理论接合点

国际传播是国际关系在传播领域的反映，随着国际传播主要媒介的变化，能够被置于国际传播范畴进行分析的传播现象日益增加。情报本身具有隐蔽性，即便解密后的情报能以公开信息的形态流动，但大众传媒时代传播渠道上的掣肘，使得受众对于解密情报的获得成为问题。在平台化媒体成为国际传播主要媒介之后，解密情报可通过平台化媒体迅速进入国际传播场域流通，解密情报在功能上的外溢效应明显，"公开披露情报"作为博弈工具的作用得以凸显。在俄乌冲突中，"公开披露情报"就被大规模应用于"认知战"。因此，我们越来越需要对情报生产与情报解密所涉及的传播现象进行理论化的思考，寻求情报学与传播学的理论接合点。

从情报学来看，情报的基本属性是"知识"，是情报机构为受众提供的一种基础认知，在情报生产阶段面向的是情报用户，在情报解密阶段面向的是广义范畴下的受众。知识社会学关注的是"价值的演化和再生产（transmission and reproduction of values），系统阐述了知识与权力、日常生活世界等社会之维共生共构的关系"[1]，以"知识"为核心属性的情报自然在知识社会学的关照范畴

---

[1] 陈薇. 作为知识生产的国家话语：国际传播中的知识理性与主体性认同 [J]. 南京社会科学，2021（9）：110 - 119.

之内。知识社会学被广泛运用在"全球资本与信息流动"① 的分析中，后者是基本的传播现象，这就涉及知识社会学与传播学的接合。"在知识社会学中，知识的起源、扩散和后果是三个重要的主题"②，知识的起源与传播学中的把关人理论有着巨大的接合空间，而情报的生产和解密可以被理解为一种"隐蔽"的知识生产。因此，情报学是通过知识社会学的"桥接"才与传播学形成理论接合点的。作为知识的情报的生产与解密中对信息的选择问题，就是传播学从传播控制角度所观照的"把关"问题。国际传播与国家利益的高度关联，使得国际传播行为主体对于信息有着明显的过滤，也就是程曼丽教授所言的"国际传播是过滤式的传播"③。从此种意义上来看，情报生产与情报解密过程中，对信息的选择和使用就是对信息的"过滤"，经过过滤后所生产出的"知识"会流入国际传播场域。中情局对中国的信息过滤具有双重性，第一重指的是对新中国宣传进行过滤，生产出作为知识的情报；第二重指的是对情报进行过滤（选择性公开），生产出作为知识的解密情报。中情局的信息过滤和内容生产，最终指向的是关于中国的知识生产。

同时，本书力图通过对中情局解密情报的研究，寻找西方涉华知识生产"非主流叙事"研究的切入点。在对"定义"权的解析

---

① 陈薇. 作为知识生产的国家话语：国际传播中的知识理性与主体性认同 [J]. 南京社会科学，2021（9）：110-119.

② 刘海龙. 作为知识的传播：传播研究的知识之维刍议 [J]. 现代出版，2020（4）：23-31.

③ 程曼丽. 信息全球化时代的国际传播 [J]. 国际新闻界，2000（4）：17-21.

上，西方知识界的涉华知识生产长期受到关注，且已经形成了数量众多的研究成果。但情报这一游离于主流叙事之外的"灰色地带"因为信息的可及性等问题基本处于无人问津的状态，因此我们需要对情报机构、公关公司以及各种类型的"智库"在西方知识界的涉华知识生产进行观照。

## 探索情报之于国际传播的反向作用与前置价值

本书将通过历史分析，以国际传播的视角，探索国际传播新的分析维度，力求指导现实的国际传播。

情报在生产（秘密）阶段，是一种在美国决策层内部流通，属于美国决策层对华认知的"知识"，中情局对其信息源即新中国宣传的使用与选择处于秘密状态，这是"隐蔽的国际传播"的第一阶段；在解密（公开）阶段，情报在国际互联网流通，属于中情局面向国际传播场域的关于中国的知识生产。但是，鉴于美国有将"公开披露情报"作为武器的传统，其解密涉华情报的目的同样是隐蔽的。冷战开始后，承袭了二战期间战略情报局功能的中情局，也将始于二战期间的对轴心国的宣传分析工作移植到了社会主义阵营国家。在东西方两大阵营对峙的岁月里，中情局的宣传分析工作造成了国际传播场域两个事实性的结果：从国际传播信息流动的角度来看，基于中情局对社会主义阵营国家开展宣传分析工作需要所产生的驱动力，使得社会主义阵营国家的媒体内容进入了美国决策层，形成了区别于美国"心理战"国际传播活动的"反向的国际传播"；从情报的基本属性"知识"来看，由中情局对社会主义阵营国家能力与意图的评估、对内政与外交热点问题的研究形成的情报文本，经过情报的分发流程，最终沉淀为指导美国决策层进行对外决策的知识，这种对外决策包含了美国对社会主义阵营国家的国际传播实践。换言之，中情局以包括宣传分析在内的手段对社会主义阵营国家进行的情报分析，是美国对社会主义阵营国家所进行的现实的国际传播的前置阶段，其所遵循的基本逻辑为：在开展国际传播实践之前，应对目标国建立基本认知，这种认知来自国际传播前置阶段的知识积累。

　　因为情报文本的隐蔽性，本书将中情局对共产主义国家进行的宣传分析所形成的"反向国际传播"和"前置国际传播"统称为"隐蔽的国际传播"。这种国际传播活动无法像现实国际传播那样在知识生产和传播实践上"登堂入室"，但近年来中情局情报档案的分批解密，为前述的"隐蔽的国际传播"提供了分析依据上的可及性。在冷战的两极格局下，中情局对新中国开展的宣传分析工作同样形成了"反向"和"前置"，通过话语分析和内容分析厘清沉睡在情报文本当中的这两个国际传播"非典型"问题，是我们理解当下美国对中国国际传播认知形成的历史路径。虽然情报文本与大众传媒在媒介形式上是相似的，即以文本的形态出现，但在受众和意识形态上有着巨大区别。前者的受众是美国决策层，为了确保情报分析的准确性，分析师被要求以"客观"为原则淡化意识形态属性。在对中国宣传进行分析时，美国对中国宣传的解读投射于文本中，反映出其认知中国的思维模式。这种影响直接构成了美国决策层对中国媒体认知的知识基础。

# 五、让史料复现中情局之"机心权变"

## 历史、框架、文献与案例诸方法的运用

本书以历史分析法为主，综合运用了多种研究方法。

本书所研究的经验材料跨越 1949 年至 1972 年，即从新中国成立至尼克松访华，是冷战背景下中美苏三国政治角力的特殊时期。本书力图通过国际传播的理论视角厘清彼时中情局如何建构新中国和新中国宣传的历史，这就涉及对历史分析法的运用。历史分析法是运用发展、变化的观点分析客观事物和社会现象的方法。这种分析方法要求把分析对象的不同发展阶段联系起来进而加以比较，通过这种思路发现事物的实质，揭示发展的趋势。在对中情局解密情报（1949—1972）的研究中，就涉及彼时中美关系史、中苏关系史以及共和国史的相关内容，必须结合这些历史背景对中情局所生产的情报进行通盘考量，才能得出有价值的分析结论。

本书试图通过对中情局解密情报的研究，建构出中情局涉华知识生产的知识议题框架和信息过滤框架。在传播研究中，框架理论分析法是对于特定内容文本的经典分析方法。这种方法以内容特征为中心，通过编码来分析文本中突出了什么、如何突出以及为什么突出。"框架"是指传播者经由主体认知对社会现实的建构，甚至可以说主体认知就是指某种框架。无论是贝特森（Bateson）之于泛意义上的传播，还是戈夫曼（Goffman）之于大众传播，他们赋予"框架"的含义都是一种对于世界的认知方式，即主体在认识客

体时所依赖的一套内在的观念体系。人们在认知事物的时候采用的既有的认知他人意义的一种方法，使研究者能够知晓过去事物被诠释或理解的方式。[①] 对中情局解密情报的研究，就是研究中情局通过何种主体认知来研究新中国和新中国宣传的。

中情局解密情报作为特殊史料，是典型的零次文献，本书对情报的研究过程也是对史料的考证过程，最终观点和结论也来源于对情报文本的分析，正如傅斯年所说的"史学即史料学"，这涉及对文献的应用，即通过对搜集到的某一方面的文字材料进行深入研究，探明研究对象的规律，并从中推导出自身观点。这要求在研究开始前全面地获取研究文献，以支撑"理论饱和度"。中情局解密情报作为"隐蔽"的文献，在数量与篇幅上的规模符合这一要求，可以通过对其的整理、阅读和分析得出结论。这是一种通过对特定文本的深读以及在不同文本之间建立联系从而挖掘出理论意义的研究方法。通过阅读解密情报找出某一具体文本的不同内容之间、某一历史阶段的不同文本之间、不同历史阶段之间文本的联系，以期对中情局涉华知识生产中"隐蔽的国际传播"问题有从细部到整体的认识。

组成中情局涉华知识生产议题框架的有"基础认知""中苏关系"与"中南关系"三大议题。这三大议题所涉及的情报在结构、主题、内容方面不尽相同，作为对一种日常研究中并不常见

---

① 邓树明. 传播研究方法与论文写作：对 180 篇文章的观察［M］. 北京：中国人民大学出版社，2021：136.

的经验材料的分析，需要呈现每类情报中的代表性情报，这涉及对案例分析法的使用。案例分析法亦称为个案分析法或典型分析法，是一种对有代表性的事物深入地进行周密而仔细的研究从而获得总体认识的科学分析方法。对案例分析法的应用，是对前三种分析方法不足之处的补充。因此在整体分析框架设计方面，第二章至第四章在分别对三大议题的信息过滤与知识生产进行分析后，均设计了一节"案例"，作为对前述分析的补充。

## 中情局解密情报的获取与整理

中情局《信息自由法》电子阅览室对访客开放了所有解密情报在线资源，但其文件量相当巨大，如何对其中的档案进行有效利用并且确保目标解密情报的完整性是一个问题。在获取了"历史收藏"（Historical Collections）解密情报后，作者对数据库中隐藏的情报采取了关键词检索、系列报告标题检索，确保解密情报的充分获得。

### （一）历史收藏中解密情报的获取

中情局《信息自由法》电子阅览室仅有一个搜索入口，并无二级目录和索引，但有一个"历史收藏"选项，中情局将部分档案进行了归类。其中涉及中国的收藏系列为：《冷战时期中苏政策决策硬目标分析（1953—1973）》（The CAESAR，POLO and ESAU Papers：Cold War Era Hard Target Analysis of Soviet and Chinese Policy and Decision Making，1953 - 1973）和《国家情报委员会中

国问题分析报告》(NIC China Collection)。《冷战时期中苏政策决策
硬目标分析（1953—1973)》中涉及新中国宣传的内容较多，《国家
情报委员会中国问题分析报告》中较少涉及新中国宣传内容，这也
从另一个角度说明美国国家情报委员会对新中国宣传的关注度较之
中情局要弱很多。本书选择《冷战时期中苏政策决策硬目标分析
(1953—1973)》作为研究对象之一。

### （二）关键词检索、系列报告标题检索

作者在中情局《信息自由法》电子阅览室搜索入口进行了
全面的关键词检索，通过前期对部分中情局新中国宣传解密档
案的阅读，发现中情局在描述新中国宣传时出现频率较高的词
语有 propaganda、China propaganda、Communist China、NCNA、
Communist Party of China 等，以及含蔑视意味的 Chicom 等。将
这些高频词作为关键词进行检索，获得了《外国文件和广播信息》
《信息报告》《双周宣传指导》《关于共产主义分裂的宣传者指南》
《共产主义宣传的趋势》，以及《中国共产党在拉美的活动》《中
共在非洲》《共产党中国在亚洲非共产党国家中的角色》等解密
情报。

### （三）对解密情报的整理

本书所研究的是中情局涉华知识生产中的"隐蔽的国际传
播"问题，主要涉及的就是中情局作为传播的"把关人"如何对
新中国宣传进行信息过滤与知识生产，如何定义新中国与新中国
宣传。根据前期所获取的解密情报的内容以及对新中国宣传总体

使用情况的掌握，可划分出三大议题："基础认知""中苏关系""中南关系"。"基础认知"所涉及的解密情报为《信息报告》和《外国文件和广播信息》（简称《信息报告》等），"中苏关系"所涉及的解密情报为《冷战时期中苏政策决策硬目标分析（1953—1973)》（简称《硬目标分析》），"中南关系"所涉及的解密情报为《中国共产党在拉美的活动》（简称《中共在亚非拉》）等，这三类解密情报分别聚焦的是新中国宣传、新中国大众传媒和新中国国际传播。

通过文献梳理可以发现，以往对于美国解密情报的研究，更多地集中在从传统冷战史角度研究情报中涉及的政治、经济、军事、外交等问题，虽然近些年"文化冷战"作为解密情报研究的新兴话题逐渐受到重视，但将解密情报作为传播学研究对象，从国际传播的角度研究某一类档案实属首例。在既往的美国对华认知与传播研究成果中，从宣传战、心理战和舆论战角度进行的分析较多，所采用的分析材料多为美国大众传媒的对华报道，再对其进行文本分析或话语分析，本书为首次以解密情报作为分析依据来考察美国在国际传播场域对中国的"定义"问题。鉴于中情局解密情报海量的特点，此前虽然已经有学者对其中美国情报界涉及国家安全事务的最权威评估报告《美国国家情报评估（中国内政部分)》（NIEs）等系列报告进行了研究，但仍然有众多的解密情报沉睡在互联网中无人问津，涉及新中国宣传的解密情报即是如此。从国际传播角度将美国中情局涉及新中国宣传的解密情报作为一种史料进行全面的研究，是本书最重要的创新点。

本书的技术路线图如图 0 - 1 所示。

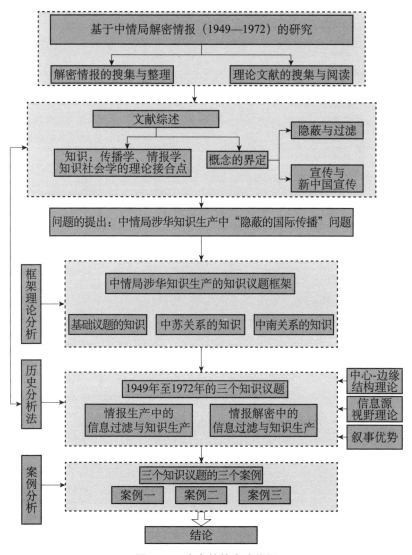

图 0 - 1　本书的技术路线图

# 第一章 | 生产情报与解密情报

中情局涉华知识的两轮传播

　　"宣传分析"作为中情局情报工作的起点,其本
意在于窥视、监控对象国。而由此衍生出的情报生
产与解密活动中,则潜藏着"引导世人认知,如驭
牛马;编织全球舆情,如弄管弦"的居心。

中情局对中国的情报生产和解密是一种从美国官僚体系维度到全球传播维度对中国的"定义",其中的核心逻辑就是中情局在涉华知识生产中对信息的过滤/遮掩即"隐蔽的国际传播",这涉及中情局涉华知识生产中从秘密到公开,也就是从情报生产到情报解密这两个阶段的问题。在第一阶段即中情局的涉华宣传情报生产中,所谓"共产主义国家的封闭性"促致新中国宣传成为中情局"宣传分析"的信源,中情局会将能够在宣传分析工作中发挥效用的内容筛选入情报分析流程中。新中国宣传信息经过中情局的过滤,最终以分析依据和信息供给者的身份体现在情报文本上,这是"隐蔽的国际传播"的第一重过滤。第二阶段即中情局涉华宣传情报的解密,情报的解密是最为典型的"信息筛选",基于《信息自由法》的要求,中情局历史审查小组以"在不损害美国国家安全利益的情况下,向公众提供重要的历史信息"① 的原则开展工作,逐步解密中情局情报,其中就包括涉华宣传情报,这些解密的情报也被视为一种战略博弈工具,即"公开披露情报"。情报的解密过程同样是一个信息过滤的过程,中情局通过对涉华宣传情报的筛选/过滤建构起了涉华知识议题框架。在对中情局涉华宣传情报进行内容分析之前,有必要厘清中情局涉华知识生产的两个阶段。

---

① KARABEL I, NAFTALI T. History declassified: the perils and promise of CIA documents [J]. Diplomatic History, 1994, 18 (4): 615-626.

# 一、宣传分析与他者认知：中情局的情报生产

## 情报生产：中情局的"宣传分析"

在以目的为分类体系的情报中，"宣传情报"的产生，与中情局在特殊历史阶段所进行的"宣传分析"工作相关联。宣传分析既是"对传播的社会影响的检查"①，也可以指涉一种"了解关于对手的意图、战略和现状信息的战略工具"②，中情局的宣传分析更多地体现了后者，即通过对目标国的媒体分析了解其国家/政权的政策意图，是中情局以目标国的大众传媒等发表的公开信息为主要依据所展开的情报分析工作，作为信源和分析依据的大众传媒会被体现在所生产的情报文本中。涉华宣传情报是中情局对中国进行宣传分析的结果，中情局会根据新中国宣传对中国在国内和国际事务中的政策意图进行判断。虽然本节的着眼点在于中情局涉华宣传情报生产和情报解密当中的"信息过滤"问题，但因为宣传分析是涉华宣传情报生产的起点，仍有必要对其做研究梳理。

### （一）宣传分析的历史沿革：从二战到冷战

根据中情局在 2013 年 9 月 23 日解密的名为《宣传分析方法研究》的文件，在中情局成立之前的 1941 年，美国情报界就开展了

---

① MORRIS T. Achieving complete intelligence from violent extremist communications： integrating the propaganda analysis nexus ［J］. Journal of Policing，Intelligence and Counter Terrorism，2016，11（1）：1 - 13.

② 同①.

由外国广播信息服务局（Foreign Broadcast Information Service，FBIS）负责的宣传分析工作，用于创建和评估分析不同的宣传系统，"分析师不仅研究了威权主义国家的受控媒体，还研究了盟国不受限制的媒体"①，在当时的宣传分析工作中，分析师可以采用"包括内容分析、意识形态分析、政治解释、语义学方法等任何能够产生对决策者有用的结果的分析方法"②。第二次世界大战期间，哈罗德·拉斯韦尔（Harold Lasswell）的内容分析技术影响到了外国广播信息服务局的分析师，但是由于宣传分析工作固有的时间紧迫问题，过于烦琐的拉斯韦尔定量方法未被大规模应用于该领域。宣传分析是一种以传播意图为对象的研究，亚历山大·乔治（Alexander George）评估了二战期间对德国的宣传分析后，提出了"至今仍可用于研究任何受控大众媒体"③的宣传分析模型，根据亚历山大·乔治的宣传分析模型，分析师利用对既往媒体行为的详细了解，从内容入手进行反向推理，推断其背后的传播意图，进而解释政策走向。随着美国大众传播研究的兴起，效果研究成为主流，宣传分析这种评估和分析传播意图的研究被边缘化，"到了20世纪40年代中期，由于预算削减和国会限制，宣传分析几乎被取消"④。

　　冷战时期的宣传是"由以地理位置为中心的权力掮客，以明确的传播形式生产的"⑤，宣传分析在冷战开始之后再现于对苏联的分

①　文档编号（FOIA）/ESDN（CREST）：CIA-RDP92-01361R000100110047-8
②　同①.
③　同①.
④　同①.
⑤　MORRIS T. Achieving complete intelligence from violent extremist communications：integrating the propaganda analysis nexus［J］. Journal of Policing, Intelligence and Counter Terrorism, 2016, 11（1）：1-13.

析中，此时中情局的分析师们聚焦于"共产主义媒体的审查"议题。冷战时期的宣传分析集中在"国家层面特别是苏联及其代理人的宣传上"①，在"识别中苏冲突的早期迹象"与"分析苏联领导政治"两个方面发挥了重要作用。解密情报显示，中情局通过简明流程图的形式，对通过宣传分析判断共产主义国家政策意图的合理性进行了阐释（见图1-1）。

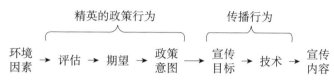

**图1-1　共产主义国家政策意图与宣传内容的一致性**

资料来源：文档编号（FOIA)/ESDN（CREST)：CIA-RDP92-01361R000100110047-8

在宣传分析学术理论的来源上，中情局主要受到了斯佩尔（Hans Speier）、费斯汀格（Leon Festinger）与勒温（Kurt Lewin）的影响。斯佩尔研究了一般情况下宣传分析师用来开展评估的几种方式，包括隐喻、为不同的受众赋予不同的意义、使用有争议的历史符号写作，以及沉默或遗漏。斯佩尔认为"在没有文字的和有文字的社会中，尤其是在不自由的政体中，在掌权者和生活在权力支配下的人之间，在受害者、批评家和超然的观察者之间——在所有这些情况和所有这些群体中都存在着向某些接受者传达隐藏意义的努力"②。费斯汀格的认知失调理论为"宣传分析工作中对媒体行为

① MORRIS T. Achieving complete intelligence from violent extremist communica-
tions: integrating the propaganda analysis nexus [J]. Journal of Policing, Intelligence
and Counter Terrorism, 2016, 11 (1): 1-13.

② SPEIER H. The communication of hidden meaning [J]. Social Research, 1977,
44 (3): 471-501.

及其与政策和意图的关系所做的假设"① 提供了理论基础。这一理论有助于解释为什么宣传能够揭示消息来源国家/政权的政策意图，该理论提供了一个基础，即"不仅将宣传视为政策制定者的工具，而且将其视为一套关于世界的信念陈述，这些陈述将形塑发起宣传的国家的政策取向"②。勒温的"把关人"概念，为宣传分析对目标媒体行为的研究提供了理论视角，"把关人"概念聚焦于大众传媒选择素材的过程"可以用于研究策略，以定义媒体守门人在选择和拒绝材料时应用的指令或隐含规则"③。

### （二）宣传分析的现实因素：美国与共产主义国家的信息壁垒

在 1972 年尼克松访华中美关系正常化之前，美国在获取中国共产党及新中国的信息上始终存在着壁垒。此"壁垒"有两个阶段：第一阶段，新中国成立前国民党政府对解放区实行封锁政策形成的信息壁垒，此时美国以中外记者团和美军观察组④为渠道获取中国共产党及解放区的信息；第二阶段，新中国成立后美国对华实行孤立遏制政策，中美隔绝的情况下形成信息壁垒，此时美国通过新中国宣传来获取关于新中国的信息。

抗日战争后期，美国对于中国共产党的能力与意图展现出了浓厚的兴趣⑤，并于 1944 年夏派出美军观察组赴延安执行了为期 600

---

① 文档编号（FOIA）/ESDN（CREST）：CIA-RDP92-01361R000100110047-8
② 同①.
③ 同①.
④ 美军观察组全称为"美军中缅印战区驻延安观察组"，代号"迪克西使团"。参见：杨尚昆. 杨尚昆回忆录 [M]. 北京：中央文献出版社，2001：225.
⑤ 中央档案馆. 中央档案馆藏美军观察组档案汇编 [M]. 排印版. 上海：上海远东出版社，2018：38.

余天的任务。美军观察组的行动使得美国对中国共产党有了相对深入和客观的认知，和同一时期的"中外记者西北观察团"一起被毛泽东称为"便是对我新民主中国有了初步认识后的实际接触，因此，我们不应把他们的访问和观察当成普通行动，而应把这看作是我们国际统一战线的开展，是我们外交工作的开始"①。其间驻华外国记者以及美军观察组针对中国共产党及解放区撰写的大量报告、信函②，使得以"中国共产党"为议题的信息第一次大规模地在美国大众传媒市场和美国国家机器中得到了传播。好景不长的是，随着解放战争的胜利，盛行麦卡锡主义的美国开始追究谁"失去中国"（Loss of China），美军观察组的"中国通"们成了替罪羔羊，遭受了政治迫害与排挤，基于这些信息所建立起来的对中国共产党的认知被瓦解。鲍勃·伯金（Bob Bergin）在《情报研究》刊发的《1944 年"迪克西使团"——美国情报官员与中国共产主义者的第一次相遇》（The Dixie Mission 1944：The First US Intelligence Encounter with the Chinese Communists）一文中所言"从一般意义上'迪克西使团'没有任何意义，因为它被扔进了历史的垃圾箱"③，就代表了美国情报界对于"迪克西使团"的典型看法。

1949 年 10 月 1 日中华人民共和国成立，对世界地缘政治格局和冷战力量对比产生了巨大影响，美国迫切地需要了解新生的"红色中国"这一与其意识形态迥异的政权的能力和意图，但此时的中

---

① 中央档案馆．中央档案馆藏美军观察组档案汇编［M］．排印版．上海：上海远东出版社，2018：4.

② 吕彤邻，杨冬权．美军驻延安观察组成员文件集［M］．上海：上海远东出版社，2019.

③ BERGIN B. The Dixie Mission 1944：the first US intelligence encounter with the Chinese Communists［J］．Studies in Intelligence，2019，63（3）：11－30.

美之间并无交往。新中国在"另起炉灶""打扫干净屋子再请客"
"一边倒"之外交三原则的指导下开展外交工作，不承认国民政府
时期的外交关系和国际条约，于 1950 年 2 月签订《中苏友好同盟
互助条约》，倒向苏联，加入社会主义阵营。美国则选择了对华遏
制和孤立的政策，在中美之间竖起了一道"竹幕"①。美国驻华外交
机构撤离中国大陆地区，在华宣传机构（美国驻华新闻处）撤退到
了香港地区和台湾地区，驻华情报机构也逐渐关闭了针对中国的海
外行动中心，撤走了大陆地区的工作人员。在此期间，虽然有
1955—1970 年的中美大使级会谈作为针对一些具体问题的联络和
沟通渠道，但直到 1972 年尼克松访华中美关系正常化之前，两国
处于长达 20 多年的物理与信息上的隔绝状态。

　　新中国在地缘政治、国家安全和意识形态上的重要性，使得美
国必须全面了解新中国的能力与意图，但两国基本处于相互隔绝的
状态之下，此时该通过何种途径和方式认知新中国？来自美国情报
机构的"成品情报"就成了美国决策层最初认识新中国的主要窗口
和制定对华政策的参考。美国的对华政策建立在冷战框架之内，将
新中国作为"苏联集团"（Soviet Bloc）② 的一员来看。马克·洛文

---

　　①　竹幕（Bamboo curtain）指冷战期间西方国家对亚洲社会主义阵营与资本主义阵
营间边界的称呼，是与欧洲的铁幕相对应的概念，亦是铁幕在亚洲的扩张。该词出现于
1950 年，最先由香港地区新闻学者张国兴在《竹幕八月记》（*Eight Months Behind the
Bamboo Curtain*）中提出。

　　②　在冷战语境中，"苏联集团"与"东方集团""苏东集团"具有相同语义。狭义
上是指与苏联紧密结盟的社会主义国家，它们的外交政策依赖于苏联的政策，不包括有
独立外交政策的社会主义国家，如中国、南斯拉夫等；广义上是指社会主义阵营，即二
战后以苏联为首的，由中国、南斯拉夫、阿尔巴尼亚等社会主义国家组成的阵营。本书
中的"苏联集团"采用了广义上的理解，即社会主义阵营，为了统一起见，下文都以
"苏联集团"指称社会主义阵营。

塔尔认为"苏联是个土地面积广阔，恶劣天气频发，且有着长期保密与欺骗传统的封闭式民族国家"①，这种封闭性体现在整个社会主义阵营，新中国也不例外。新中国成立之后，新生的红色政权受到国民党残余等旧势力的威胁，中共中央于 1950 年发起了大规模的"镇压反革命"运动，残留在大陆地区的特务是主要镇压对象之一，"仅仅用了不过一年左右的时间，各地对新政权构成威胁的各种旧势力，包括恶霸、地主、惯匪、特务、国民党党团及军警政骨干分子，以及曾经杀害中共人员或给中共造成严重损害的分子，大部遭到了严厉的惩罚"②，美国利用国民党特务等作为人力情报来获取新中国信息的难度大大增加。1957 年《情报研究》刊发的文章进行了统计，指出"在中央情报局掌握的关于苏联集团地理、经济困难以及科学成就的情况中，75％至 90％都是以铁幕内部的开源信息为基础进行分析后得出的结论"③。这一统计也得到了中情局官员的认可，"通过 2004 年 10 月美国有关对华情报评估学术会议上对中情局官员的询问得知，他们的所谓'情报'，除了美国驻外各机构道听途说的消息外，主要来自在大陆地区公开出版的报刊和电台广播"④。

---

① 洛文塔尔．情报：从秘密到政策［M］．杜效坤，译．北京：金城出版社，2015：108.

② 杨奎松．新中国"镇压反革命"运动研究［J］．史学月刊，2006（1）：45-61.

③ 洛文塔尔，克拉克．情报搜集的五大科目［M］．孟林，译．北京：金城出版社，2021：23.

④ 沈志华，杨奎松．美国对华情报解密档案：1948—1976：壹［M］．上海：东方出版中心，2009：8.

## （三）宣传分析的功能认知：了解苏联集团的工具

在 20 世纪 40 年代，宣传分析是新兴传播研究领域的中心课题，通过宣传研究"公众对特定问题的态度，公众对特定情况或事件的可能反应，以及敌人试图创造的态度的性质和相对优先级的指示、敌人希望从民众中引出什么行动"[①]。"外国广播信息服务局的分析师是该领域的先驱，这些分析师不仅研究了威权主义国家的受控媒体，还研究了盟国不受限制的媒体"[②]。冷战开始后，在中情局对"苏联集团"的情报工作中，宣传分析更受到重视且逐渐开始作为一项独立的工作而存在，宣传分析"不仅仅是对情报进行筛选，而且是整体情报的重要组成部分，提高这一认识将大大提高估计的全面性和准确性"[③]。这体现在由时任中情局国家评估办公室负责人、被称为"美国情报分析之父"的谢尔曼·肯特（Sherman Kent）署名的题为《宣传分析的总体要求》（Overall Requirements for Propaganda Analysis）[④] 的备忘录中，这份备忘录代表了中情局情报分析部门对宣传分析工作的权威观点。

宣传分析应该作为情报分析中的一项独立工作。在备忘录中，谢尔曼·肯特提出宣传分析不应局限于仅仅满足其他部门所提出的要求，而应该是"情报过程中的一个连续要素"，独立地去分析"苏联集团"的大众传媒，持续地向诸如国家情报评估办公室

---

① 文档编号（FOIA）/ESDN（CREST）：CIA-RDP61-00549R000100230002-8
② 文档编号（FOIA）/ESDN（CREST）：CIA-RDP05-01429R000100010001-0
③ 同①.
④ 文档编号（FOIA）/ESDN（CREST）：CIA-RDP61S00750A000600050006-3

（ONE）等情报用户提供信息的"一个自发的分析流程"。这体现了中情局对于作为情报分析一部分的宣传分析的重视，宣传分析不仅仅是一种回应情报用户诉求的行为，还应该是一个主动的分析活动。

宣传分析作为情报工具拥有强大的功能。宣传是"冷战和热战中敌我双方都会使用的武器，它不是用来杀人或摧毁城市的武器，而是用来创造有利的态度和引发预期的行动"[①]，谢尔曼·肯特认为，可以把"苏联的武器"[②]，即苏联的宣传变成一种强大的情报工具。在苏联的国家安全系统导致关键领域的情报数据很难获得的情况下，对这个情报工具的使用显得更加迫切，"对苏联集团的宣传分析将非常有用"。同时，谢尔曼·肯特认为宣传分析应该走专业化的技术路线。针对当时"每一位情报分析员自己都在某种程度上将宣传分析作为日常工作的一部分"的现状，他提出了"最好的宣传分析必须由训练有素的专家完成"的观点，因为这些专家有丰富的经验，并且能够持续和随时访问所有研究背景资料和原材料。谢尔曼·肯特认为，宣传分析只能被像信息办公室/外国广播信息处（OO/FBID）、外国文件处（FDD）这样的部门有效地实施，当时外国广播信息处对于苏联宣传的监测被美国情报界广泛使用的现状，也充分表明了专业化的宣传分析对深入了解"铁幕"背后发展情况的无可置疑的价值。

---

① 文档编号（FOIA)/ESDN（CREST)：CIA-RDP61-00549R000100230002-8
② 文档编号（FOIA)/ESDN（CREST)：CIA-RDP61S00750A000600050006-3

在另一份题为《时事情报办公室对外国广播宣传分析的评论》（OCI Comments on Analysis of Foreign Radio Propaganda）① 的备忘录中，中情局时事情报办公室（OCI）也提出"宣传分析是情报生产过程的基本组成部分"的观点。宣传分析必须按照准确的规范进行，要根据所采取的问题类型、与给定问题有关的所有其他信息以及从该信息中得出的相关假设三个方面去制定分析规范。这些文件的发布均在 1954 年，此时，共产主义宣传在中情局认知中的作用，逐渐地从单纯的基础信息发展到了分析工具。

## 涉华宣传情报生产：对新中国的宣传分析

### （一）对新中国宣传的分析理念：基于苏联的"镜像思维"

在中情局解密情报之中，除了不同时期涉及新中国宣传的情报外，还有一部分工作文件，这些文件明确了对彼时的诸如"共产主义宣传""苏联集团"等情报的分析工作应该如何进行，并且呈现出了不同时期对于新中国宣传信息工作理念的变化。中情局作为一个统合情报的庞大组织，对于新中国宣传信息的工作理念最直接作用于其认知新中国宣传的行为上，形成了以苏联为参照的"镜像思维"。美国情报心理学家理查兹·J. 霍耶尔（Richards J. Heuer）在定义"思维模式"时，将其负面影响称为"思维定式"（mind-set）。霍耶尔认为分析师要在信息缺失、情势动态变化时做出甄别，面对

---

① 文档编号（FOIA）/ESDN（CREST）：CIA-RDP91T01172R000400030001-5

此一阶段的信息不足，其必须深度依赖由信念与假设形成的思维模式，所以"思维定式几乎是不可避免的"。在美国情报界反思其情报失误时，将镜像思维作为其思维定式或者思维局限时的典型问题进行分析，"有镜像思维的分析人员会假定其他领导人、国家和群体的动机或目标与他自己最熟悉的动机或目标相同"①，而不考虑民族差异、环境差异和思维逻辑的不同。这种镜像思维的典型表现就是中情局采用以苏联为基础的认知模式来看待新中国宣传。中情局之所以有此种镜像思维，究其原因是受到了把苏联作为冷战时期美国情报工作核心的影响，对新中国宣传的分析被置于"苏联集团"的框架之中。分析师在面对充满矛盾的信息时"所接受的培训及其思维模式十分重要"②，在将"共产主义宣传"作为知识内容在中情局内部进行的培训（知识传播）中，新中国宣传也没有成为独立的议题，甚至没有作为知识传播的内容出现，这源于中情局未将新中国宣传作为一门知识，而是将其包含在了"苏联共产主义宣传"之内。

把苏联作为冷战时期美国情报工作核心的影响是巨大的。在中苏分裂前，中情局对新中国宣传的认知始终处于苏联"共产主义宣传"和"苏联集团"的框架之内。在备忘录《时事情报办公室对外国广播宣传分析的评论》中，时事情报办公室就提出了对"苏联势力范围宣传"③的浓厚兴趣。谢尔曼·肯特署名的备忘录《宣传分

---

① 洛文塔尔．情报：从秘密到政策［M］．杜效坤，译．北京：金城出版社，2015：170.

② 同①86.

③ 文档编号（FOIA）/ESDN（CREST）：CIA-RDP91T01172R000400030001-5

析的总体要求》中，将"共产党中国"的内容置于"关于苏联集团关系的情报"标题之下，且重点分析的是中苏关系的相关内容，提出了诸如"中国在主导朝鲜谈判时主要为自己发言还是作为苏联的代言人发言、中国官方或公众对苏联宣称的至高无上或苏联在中国的影响是否感到恼火、中苏朝关系的首要问题有哪些证据、在中苏经济关系问题上能提供什么证据、中国对苏联经济援助和建议的数量或质量有何不满、在对日本共产党的指导上苏联或中国谁处于首要地位"① 等宣传分析主题。在"苏联集团"分析框架下，对于新中国宣传分析的重点也是在中苏关系的框架内进行的。而此时对于新中国国内问题的宣传分析集中于研究经济政策、对政府内部和党内的"纪律整顿"，以及学生和农民对政策的态度三个问题上。

在冷战的起始阶段，以及美国国内麦卡锡主义盛行的背景下，来自与美国意识形态尖锐对立的"苏联集团"的国际传播内容是不可能在美国大众传媒市场中流通的。中情局更多将共产主义宣传信息定位为开展服务工作时所需要的"知识"来接收，中情局就有针对其工作人员进行的共产主义宣传培训，但新中国宣传并没有作为单独的主题出现。根据 1953 年中情局特别培训办公室［Office of Training（Special）］的《基本情报课程》（Basic Intelligence Course）指南中的"共产主义宣传"（Communist Propaganda）培训课程文件，"共产主义宣传"课程的教学目标是给学员提供共产党使用的宣传技术的基本知识、在苏联内外"宣传如何被控制和指导"的知识，以及展示共产党宣传的种类和范围、传播媒介的使用情况等，

---

① 文档编号（FOIA）/ESDN（CREST）：CIA-RDP61S00750A000600050006-3

是一门讲座和展示相结合的课程。在课程的讲座部分，要讲授共产党宣传和鼓动的概念、宣传的目的、宣传的技术、宣传的控制和指导、以宣传为目的的传播媒介的使用；为了让讲授更明晰，使学员能够看到共产党宣传的第一手样本，在 1 小时 15 分钟的展示部分，会展示图片、宣传手册、海报、报纸、杂志和苏联广播录音等，涉及马克思主义、共产党的组织结构、苏联政府、共产党的手段和策略、国际共产主义运动等。虽然最终的成品情报是情报流程整体发挥作用的结果，但在中情局解密情报中，这些涉及如何开展情报分析工作的文件可以直接体现出分析单位针对新中国宣传的行为模式。

## （二）宣传分析的机构：外国广播信息服务局与情报分局

根据中情局解密情报看，对新中国宣传相关情报的生产主要集中于外国广播信息服务局与情报分局（DI）（下设时事情报办公室）。从发展沿革和功能来看，外国广播信息服务局与情报分局在中情局的组织架构中处于不同的位置，其功能侧重点也不尽相同。在情报工作的全部流程中，通过"情报搜集"产生的关于新中国宣传的信息，会经过处理与利用（processing and exploitation）进入"情报分析"阶段，进而产生成品情报。情报工作的全部流程即情报需求、情报搜集、情报处理与利用、情报分析与生产，以及情报分发、使用、反馈。外国广播信息服务局与情报分局共同涉及"情报分析"这一阶段，这也是情报生产的核心。从"情报分析实质上是一种思维过程"[①] 的观点来看，情报分析是最能体现分

---

① 李景龙.美国情报分析理论发展研究［M］.北京：军事科学出版社，2014：36.

析单位的认知特点的，其行为所反映出的正是对于信息的选择与使用。

1. 外国广播信息服务局

第二次世界大战期间，美国开展了全世界范围内最广泛的媒体监测，收集和利用了包括广播、报纸、图书等非秘密信源的信息，这些信息从情报搜集的手段来看属于开源情报。外国广播信息服务局就是美国情报部门收集开源情报的骨干，被称为"美国的世界之窗"①，是美国政府收集、翻译和传播开源信息的主要机构。外国广播信息服务局的职能不局限于对开源情报的搜集，尽管这一部门始终只能使用开源情报而非所有来源的情报，其分析部门依然"在20世纪50年代和60年代对中央情报局的分析做出了令人振奋的贡献"②。

外国广播信息服务局源于罗斯福总统在 1941 年 2 月 26 日设立的外国广播监测服务局（Foreign Broadcast Monitoring Service，FBMS），用于监测来自"交战国、被占领国和中立国"针对美国的短波无线电广播，1942 年更名为外国广播情报局（Foreign Broadcasting Intelligence Service，缩写也是 FBIS）。二战结束后的 1946 年，这一机构作为"战后情报行动中最重要的部门之一"③ 被保留下来，更名为外国广播信息服务局，隶属于中央情报组

---

① LEETARU K. The scope of FBIS and BBC open-source media coverage，1979 - 2008 [J]. Studies in Intelligence，2010，54（1）：17 - 37.
② 中情局解密情报：《冷战时期中苏政策决策硬目标分析（1953—1973）》
③ 同①。

（CIG，后为中情局）。

在外国广播信息服务局的运营管理上，美国采用了"一套班子两块牌子"的方式。FBIS 这一缩写为包括广播和新闻工作者在内的公众所熟知，是因为采用了一种"使该部门的内部运营和管理在纸面上分离的诡计"①，该部门所有的公开出版物，包括在国外出版的材料等，都是以美国政府的名义发布的。与此同时，该部门的官方记录、通信、行政事务、合同等却以中情局外国广播情报局或者"轮子内的轮子"（wheels within wheels）的名义发布或签署。"FBIS 的匿名性通过称其为'美国政府机构'而得到保护，并且官方承认它是中央情报局的一个部门，这在机密通信和记录中以缩写 FBID 得到承认"②。这就解释了为什么在解密情报中，存在着情报中的 FBIS 和工作性文件中的 FBID 两种缩写。本书不讨论作为"美国政府出版物"③ 的外国广播信息服务局"每日报告"（DAILY REPORTs），这是一份对目标国国内低时效性媒体信息的摘录，公众可以通过美国国家技术信息服务局（The National Technical Information Service，NTIS）订阅此报告。"每日报告"并不具备情报的"秘密属性"，属于公开信息。

开源情报被认为在"窥探封闭社会、预测重大事件和提供实时更新方面的能力怎么强调都不为过，其在情报分析过程中的用途一

---

① 文档编号（FOIA）/ESDN（CREST）：CIA-RDP84-00022R000300010005-6
② 同①.
③ 文档编号（FOIA）/ESDN（CREST）：FBIS-CHI-92-074

直是许多研究的主题"①，作为开源情报的新中国宣传在中美相互隔绝的时期为中情局窥探彼时"封闭"的共产主义中国提供了路径。"在分析开源信息和合成大量有针对性的报告材料方面，外国广播信息服务局的分析师发挥了主要作用"②。在尼克松访华前的 20 多年间，外国广播信息服务局生产出了《外国文件和广播信息》（集中出现于 1949—1953 年）、《信息报告》（集中出现于 1949—1954 年）、《双周宣传指导》（集中出现于 1958—1964 年）、《关于共产主义分裂的宣传者指南》（集中出现于 1963—1967 年）、《共产主义宣传的趋势》（集中出现于 1970 年后）等系列情报，外国广播信息服务局的分析师对新中国宣传不同阶段的认知投射到了情报的生产当中。同时，外国广播信息服务局的分析小组也"为时事情报办公室的分析师和情报处的研究人员（research staff）提供了宝贵的培训基地"③。

### 2. 情报分局和时事情报办公室

20 世纪 50 年代初，"出于情报界对国际共产主义运动覆盖不足和资源有限的担忧"④，中情局开始加强对苏联和新中国的研究，承担这些研究任务的包括情报分局及其所辖的时事情报办公室。

---

① LEETARU K. The scope of FBIS and BBC open-source media coverage，1979 - 2008 [J]. Studies in Intelligence，2010，54（1）：17 - 37.

② 同①.

③ CIA. The CAESAR, POLO and ESAU papers：Cold War Era hard target analysis of Soviet and Chinese policy and decision making，1953 - 1973 [M]. Washington：Government Printing Office，2013：1 - 36.

④ 同③.

　　根据 1955 年中情局调查时事情报办公室"是否正在履行适当的职能"备忘录①的内容，时事情报办公室由中情局报告和评估办公室（ORE）的通讯情报部（the COMINT Division），以及负责通讯情报事务参谋的咨询委员会这两个组织发展而来。在 1950 年 10 月中情局情报生产重组期间，中情局将报告和评估办公室一分为三，分为"负责协调'国家评估'的国家评估办公室（ONE）、负责基础研究的研究和评估办公室（缩写为新的 ORE），以及负责为决策者撰写分析摘要和其他简短产品的时事情报办公室"②，时事情报办公室负责制作新的《中情局简报》，并提供最新情报给国家评估办公室和中情局局长。时事情报办公室还负责制作简报和 15 种出版物，这些简报和出版物涉及不同领域的研究和情报生产，而这些领域则与其他办公室和机构的主要责任相重叠，中情局认为时事情报办公室的规模和活动范围"与局长和机构的责任、义务和需要不成比例"③。情报分局成立于 1952 年，目的是取代研究和评估办公室并简化最终情报分析的生产。情报分局的职能为"旨在帮助总统和其他政策制定者就国家安全做出明智的决定。其分析师会查看所有关于一个问题的可用信息，并将其组织起来，为决策者提供更多关于如何思考这个问题的想法"④。情报分局成立后，时事情报办公室成为其子单位。

---

① 文档编号（FOIA）/ESDN（CREST）：CIA-RDP62-01094R000100060030-9
② CIA. History［EB/OL］.（2013 - 01 - 23）［2022 - 11 - 28］. https：//www. cia. gov/offices-of-cia/intelligence-analysis/history. html.
③ 同①.
④ 同①.

时事情报办公室和情报分局的成立时间与新中国的建立时间非常接近,二者对新中国开展的情报分析中有相当一部分涉及使用新中国宣传。例如,1952 年由情报分局时事情报办公室开展的用以"研究所有关于苏联领导层成员的有效信息和事件的影响"[①] 的"CAESAR 项目",在 1956 年 9 月由时事情报办公室成立的中苏研究小组(the Sino-Soviet Studies Group,SSSG)继续推进,并于同年启动以研究中国共产党组织架构为主的"POLO 项目",在 1959 年启动了以研究中苏关系为主的"ESAU 项目"。另外,时事情报办公室对新中国国内事务的评估和情报分局的一系列与新中国相关的备忘录都使用了新中国宣传作为分析依据。

## 二、知识的二次生产:中情局的情报解密

从情报学来看,对涉华宣传情报的解密与保密、审查、政府信息公开等内容相关联。但从传播学来看,对涉华宣传情报的解密聚焦于中情局对作为信息的涉华宣传情报的"把关",这是中情局涉华知识生产的第二阶段。理解中情局对涉华宣传情报的过滤/遮蔽,要先厘清中情局情报解密的法理起点即历史审查计划,以及美国将"公开披露情报"作为一种战略博弈工具的传统。

---

① CIA. The CAESAR,POLO and ESAU papers:Cold War Era hard target analysis of Soviet and Chinese policy and decision making,1953 - 1973 [M]. Washington:Government Printing Office,2013:1 - 36.

## 情报的解密：法理因素与博弈工具

### （一）中情局历史审查计划

中情局的情报解密始于 1982 年对中情局的前身战略情报局超过 800 万页情报的解密，这成了中情局情报解密的范例。作为中情局免于联邦政府信息公开化行政法规《信息自由法》约束的条件，中情局参照战略情报局的情报解密，在 1985 年设立了一个历史审查方案，以解密《信息自由法》未涵盖的中情局历史记录，虽然这是"中情局在不损害美国国家安全的前提下，首次向公众提供具有历史价值的情报"①，但因为中情局大多数办事处和部门都不愿意提供重要的历史记录以供审查，1985 年版本的历史审查计划"进展非常缓慢"②。

罗伯特·盖茨（Robert Gates）在 1991 年底担任中情局局长后，成立了中情局开放特别工作组（Task Force on Greater CIA Openness），对中央情报局的解密政策和做法进行了彻底审查。1992 年 2 月，盖茨宣布在重组的情报研究中心中开展一次新的历史审查计划，尤其针对解密审查，侧重于解密"描述政策决定、行动目标和结果的秘密行动记录"③，将解密情报的范围限定于"超过 30 年的文件、所有关于苏联的十年前或更早的国家情报评估、特

---

① MCDONALD J K. Commentary on "History Declassified" [J]. Diplomatic History，1994，18（4）：627 - 634.
② 同①.
③ 同①.

第一章 生产情报与解密情报

别主题的记录（如 1954 年危地马拉政变和 1962 年古巴导弹危机等）"①。新的历史审查计划由情报研究中心主任负责，以修订后的《总部条例》（HR 70-14）为情报解密的"一般性政策和指导方针"②。1992 年秋天，中情局公布了第一批承诺提供的解密情报"112 份关于古巴导弹危机的文件"③，扎卡里·卡拉贝尔（Zachary Karabell）认为中情局对古巴导弹危机相关文件的解密"标志着美国情报机构首次在国会调查之外参与创建公共历史记录"④，且会"重塑现有文献"⑤。中情局主要对冷战时期的相关情报进行了解密，这些解密情报是历史审查计划的成果，"可能迫使美国在冷战时期的外交政策问题上进行新一轮的修正"⑥。这些解密情报"不仅将确定国家安全机构提供了哪些信息，而且还会说明决策者如何吸收这些信息并对其做出反应"⑦。循此逻辑，中情局解密情报的直接作用即"说明中情局是如何作为执行外交政策的工具发挥作用的，并且可能会揭示外交政策的决策过程和秘密活动"⑧。

---

① MCDONALD J K. Commentary on "History Declassified" [J]. Diplomatic History，1994，18（4）：627－634.
② 同①.
③ KARABEL Z，NAFTALI T. History declassified：The perils and promise of CIA documents [J]. Diplomatic History，1994，18（4）：615－626.
④ 同①.
⑤ 同①.
⑥ 同①.
⑦ 同③.
⑧ 同③.

对中情局历史审查计划的检视，为我们理解中情局涉华宣传情报的解密提供了参考。虽然对美国情报界有着"美国情报机构的保密工作基本上是盲目的"①的批评，但其以国家安全的名义所区分的三种保密类型——国家安全保密、政治保密和官僚保密——适用于包括中情局在内的美国官僚体系。国家安全保密是指"如果披露，实际上可能会以某种可识别的方式损害国家安全"②，这也是中情局在情报解密审查中应用最广的保密类型。结合中情局历史审查小组的指导方针"任何明确揭示或允许研究人员推断来源和方法的文件都将被扣留"③，如果试图解密根据非开源信息所生产的情报，就有可能会暴露情报来源，威胁美国的国家安全。宣传情报产生于开源信息，在危及美国国家安全方面风险水平较低，那么，又该如何理解中情局在涉华宣传情报解密中的过滤/遮蔽问题？国家安全保密之外的另外两种保密类型是政治保密即"不顾对国家安全的任何威胁，蓄意和有意滥用机密权力谋取政治利益"④，以及官僚保密即"组织倾向于限制向外界发布信息，以便控制外界对组织的看法"⑤。中情局在涉华宣传情报解密中的过滤/遮蔽与官僚保密的关联度更高，因此会限制涉华宣传情报向外界的释放，以便控制外界

---

① AFTERGOOD S. Secrecy and accountability in U. S. intelligence [EB/OL]. (1996 - 10 -09) [2022 - 12 - 16]. https：//sgp. fas. org/cipsecr. html.

② 同①.

③ KARABEL Z, NAFTALI T. History declassified：the perils and promise of CIA documents [J]. Diplomatic History，1994，18 (4)：615 - 626.

④ 同①.

⑤ 同①.

对中国的看法。

## （二）"公开披露情报"作为战略博弈工具

麦克尔·赫尔曼（Michael Herman）指出，所谓公开披露情报是指"经授权，政府部门正式解密、公布原本加密的有关对外战略对手和国内安全事务的信息和评估"①。涉华宣传情报是典型的公开披露情报，解密之后其原本的"秘密"属性便被抽离，成为一种公开的信息。解密情报由专业情报机构生产，且经过了第一轮对新中国宣传的信息过滤，被赋予"权威"性，颠覆了"情报与秘密共生"的定律，成了发挥舆论作用的政策工具。虽然涉华宣传情报生产于冷战时期，但情报的解密是在冷战结束之后，且解密情报的传播方式迎合了当下国际传播的技术环境，全球网民无须注册和登录就可以任意访问中情局《信息自由法》电子阅览室，在线浏览和下载 PDF 格式的解密情报。这种传播方式在最大限度上实现了从以"秘密"为基本属性的情报到公开信息的转换，解密情报以"知识"的形态被置于国际传播场域中。公开披露情报是一种古老的博弈工具，但随着信息传播技术（ICT）的迭代所带来的国际传播场域的变革，尤其是社交媒体成为国际传播的主要媒介，国内与国际传播间的界限日益模糊，作为国际传播主体的民族国家，其国家利益日益受制于国际传播因素，公开披露情报所能够发挥的作用也在不断增加。公开披露情报是一种主动设置议程并试图塑造国内和国际舆论的行为，连续披露情报有助于形成对象国在某个领域的"他者"

---

① 张帆. 以公开披露情报为武器：乌克兰危机期间拜登政府对情报的另类使用及其战略逻辑 [J]. 美国研究，2022，36（5）：25-48，5-6.

叙事。在被称为"战争史上信息最密集的冲突"① 的俄乌冲突期间，美国政府以全政府-全社会②的模式开展了对俄罗斯的公开披露情报活动，以服务于美国对俄的"混合战争"。

作为战略博弈工具的公开披露情报，是理解中情局涉华宣传情报解密的另一视角。在中情局涉华知识生产的第二阶段"情报解密"中，中情局对涉华宣传情报的解密本质上也是一种信息过滤，过滤后的涉华宣传情报在国际传播场域为受众提供认知中国的知识议题，解密情报的总体框架就是中情局在国际传播场域建构的涉华知识议题框架。因此，对中情局在国际传播场域建构的涉华知识议题框架进行分解，掌握中情局涉华知识生产中的"双重过滤"逻辑——对新中国的宣传信息进行筛选、生成情报，对涉华宣传情报过滤后解密，是理解"隐蔽的国际传播"的基本路径。

## 中情局解密情报的国际传播意涵

国际传播是国际关系在传播领域的反映，以民族国家为主要行为体、以大众传媒信息跨越民族国家疆界流动为基本形式。从涉华宣传情报作为"情报"的这一基本属性来看，情报与传播学的研究对象"信息"具有密切关联。情报是满足情报用户需要的信息，是将信息经过情报流程（搜集、分析、分发）处理之后的结果。从本

---

① HARRINGTON J. Intelligence disclosures in the Ukraine Crisis and beyond [J]. War on the Rocks，2022，1.

② 张帆. 以公开披露情报为武器：乌克兰危机期间拜登政府对情报的另类使用及其战略逻辑 [J]. 美国研究，2022，36（5）：25-48，5-6.

质上来说，情报是信息的一个组成部分，情报从信息转化为成品情报并发挥价值的过程本身就是信息流动的过程，只不过这种信息流动叠加了"隐秘"属性。从受众的角度来说，这种类型的信息流动具有极其明显的指向性，即以美国决策层为受众。从中情局解密情报的传播方式来看，按照美国《信息自由法》的要求，中情局情报档案在经过历史审查小组等机构的处理之后，隐藏或排除了其中影响美国国家安全的内容，呈现给公众的是"消毒"（sanitized）版本，主要以文字形式传播；从最初的国家档案馆馆藏电子内容，到2017 年之后在国际互联网空间向全球公众开放，其始终是以电子化的形态（PDF 格式扫描文件）存在的。中情局解密情报中涉新中国宣传的这一部分横跨 20 余年，是最早系统体现美国国家机器对新中国宣传认知模式的一手文本资料，从中可以挖掘出早期美国对来自新中国传播行为和内容的基本态度和行为逻辑。"要了解当代的国际传播，必须审视历史的连续性"①，美国对中国国际传播行为的认知同样存在着"历史的连续性"，要想了解现今的美国如何看待来自中国的国际传播信息，追溯过往成为必要。从作为一种以传播为本质属性的"宣传"和"情报"间的关系来看，第二次世界大战期间，拉斯韦尔等人负责的对同盟国和轴心国的宣传信息进行内容分析的"战时传播项目"就是一种典型的认知模式。同盟国和轴心国的宣传信息中有相当大的一部分属于国际传播的范畴，而对这些国际传播信息进行内容分析的战时传播项目被认为"在本质上是

---

① 屠苏. 国际传播：沿袭与流变：第3版［M］. 胡春阳，姚朵仪，译. 上海：复旦大学出版社，2022：6.

一种情报努力的组成部分"①。在战时传播项目与中情局对新中国宣传分析的比较上，前者是二战期间针对同盟国和轴心国宣传内容的定量分析，在对宣传内容的依赖程度、分析方法的多样性和时间跨度上不及后者。

中情局解密情报在内容和传播方式等方面不同于大众传媒。在内容方面为宣传信息或宣传机构信息摘编、依据宣传信息或宣传机构信息撰写的评估报告。从情报学角度来讲，情报是为特定用户提供的信息加工和分析，而鉴于宣传信息的庞杂，在情报的选择和分析中会对大众传媒信息进行噪声信号的过滤，从而使得信息效率最大化。与一般大众传媒进行的信息跨国流动不同，根据美国情报理念中的情报流程，情报用户提出需求后，中情局会首先进行情报搜集活动。鉴于当时中美关系的状态，中情局只能以开源情报为信源，这就使得新中国宣传信息被动地跨越竹幕来到美国，中情局在进行情报处理和分析之后，将新中国宣传相关内容或整理摘编成信息报告或依据内容进行分析形成评估报告，作为成品情报通过情报分发流程送达美国决策层。中情局依据新中国宣传信息、新中国宣传机构信息对中国国际情势所做的分析，客观上就是从中情局角度对中国的国际传播情况所进行的评估。这样的信息流动方式和过程，虽区别于一般意义上大众传媒信息的跨国界流动，但是从国际传播的特性来讲，它依然兼具双重属性——"广义国际传播的首要

---

① 罗杰斯. 传播学史：一种传记式的方法［M］. 殷晓蓉，译. 上海：上海译文出版社，2012：228.

特性跨国性"①，即情报信息从中国大众传媒向美国的被动流动；狭义国际传播的首要特性目的性，即以美国决策层为最终传播目标。

## 三、信息过滤与知识生产："隐蔽的国际传播"的分析框架

"隐蔽的国际传播"所聚焦的是国际传播中的信息过滤问题，国际传播因为与国家利益的高度关联性，其对信息的过滤带有"明显的政治倾向性和意识形态色彩"②，传播者进行国际传播时对信息的筛选和过滤会具有不同于一般传播形态的特征。在传播行为中，中情局扮演了传播者的角色，即"担负着信息的收集、加工任务，运用符号，借助或者不借助媒介工具，首先或主动地向对象发出社会信息的一方"③。在中美关系正常化之前，中情局外国广播信息服务局收集、翻译和传播了来自中国媒体的新闻和信息（即新中国宣传），其每周发布的针对中国的媒体监测、监听报告，是海外中国研究界，包括中情局本身的分析师们研究中国时可以获得的"最好的信息来源之一"。作为传播者的中情局对信息具有控制权，在涉华知识生产的两个阶段即情报生产和情报解密中，中情局以"把关人"的身份进行双重过滤，即对新中国的宣传信息进行筛选和对涉华宣传情报进行过滤。"中国共产党在国际社会中呈现出的形象往

① 李智. 国际传播 [M]. 2 版. 北京：中国人民大学出版社，2020：56.
② 程曼丽. 信息全球化时代的国际传播 [J]. 国际新闻界，2000（4）：17-21.
③ 董璐. 传播学核心理论与概念 [M]. 北京：北京大学出版社，2008：48.

往是经过传播媒介加工、过滤后的形象"①，中情局进行的双重过滤是指中情局从美国官僚体系维度到国际传播场域维度定义与塑造其所言说的"共产党中国"形象。从国际传播角度来讲，一方面因为其是一种"由政治所规定的跨国界的信息传播"②，基于国家利益的考量，对跨越国界的信息的"过滤"在国际传播当中十分常见，国际传播也被称为过滤式传播；另一方面，因为国际传播的主要行为主体是民族国家，其信息过滤是一个具有高隐匿性和高复杂度的宏大叙事。对传播者的信息过滤研究应是对其一般性、规律性行为的研究，因此对于"隐蔽的国际传播"问题的分析应该建立在对中情局信息过滤结果的长时段跟踪和大数据分析的基础之上，是对涉华宣传情报的归纳性和总结性的分析。

中情局涉华宣传情报本质上属于中情局的涉华知识生产，中情局对新中国进行的信息过滤是这一知识生产过程的重要组成部分。本书从全面掌握中情局解密情报的总体结构入手，对解密档案进行知识分类，建构出中情局解密情报的总体知识议题框架；以知识类型作为分析单位，在分析单位域内把握中情局涉华知识生产的两个阶段；从内容、使用和框架角度分析情报生产阶段和情报解密阶段的信息过滤，从议题内容和议题框架角度分析情报生产阶段和情报解密阶段的知识生产，从而建构出本类型知识的信息过滤与知识生产框架；最终在总体知识议题框架内掌握中情局涉华信息过滤的基本逻辑。

---

① 张一，吴倩倩．提升中国共产党执政形象的国际传播力［EB/OL］．(2018-06-04)［2022-12-15］．http：//www.qstheory.cn/dukan/hqwg/2018-06/04/c_1122933914.htm．

② 程曼丽．信息全球化时代的国际传播［J］．国际新界，2000(4)：17-21．

## 知识议题框架：涉华宣传情报

对中情局涉华知识生产中"隐蔽的国际传播"问题的分析，实际上是对其信息过滤的结果，即以中情局解密情报为基础的经验材料的分析。如前所述，涉华宣传情报本质上为"知识"，对 1949—1972 年生产的涉华宣传情报的解密构成了中情局在此时期涉华知识生产的知识议题框架。因此，需要首先对中情局解密情报进行全面的检索，从知识分类的角度对检索的结果进行总体知识议题框架的建构。截至本书成文前，作者检索到的涉华宣传情报近 1 000份，绝大多数情报由中情局的外国广播信息服务局和情报分局及其下设的时事情报办公室生产。在已经获取到的中情局涉华宣传情报当中，综合情报分析机构、情报生产时间、情报文本类型和情报总体主题四方面因素，作者将中情局生产的涉华宣传情报中的三类情报作为分析的经验材料，相对应的三大知识议题就是本书的总体分析框架。

### （一）作为"基础认知"知识的《信息报告》等

第一类是由外国广播信息服务局在 1949—1954 年生产的《外国文件和广播信息》与《信息报告》，以简报的文本形式呈现。这一类情报所涉及的主题，一方面集中于通过新中国宣传了解新中国的基本国情，另一方面集中于对新中国宣传本身所包含基本信息的了解。新中国成立前后是中情局建立对华认知的基础阶段，这一系列情报所涉及的内容多为对新中国的基本能力和意图的了解，是中情局对新中国宣传信息进行分析的结果，从知识议题的角度可将这一系列情报归纳为"基础认知"的知识（1949—1954）。

## （二）作为"中苏关系"知识的《硬目标分析》

第二类是由情报分局及其下属的时事情报办公室制作的《冷战时期中苏政策决策硬目标分析（1953—1973)》。所谓"硬目标"(hard target)，是指在"间谍活动中难以接触到的目标"①，也就意味着这一系列情报是中情局分析师们通过开源情报生产的。中情局将这一系列解密的分析专著和参考资料指定为 CAESAR、ESAU 和 POLO 系列，体现出中情局从 20 世纪 50 年代到 70 年代中期深入研究了苏中内部政治和中苏关系，反映了经验丰富的分析师的观点。此系列情报以中苏关系为总体背景，对于中国内政和外交问题的分析也常常以中苏关系为核心考量因素，是以新中国大众传媒为信源，对苏联影响下的新中国内政和外交的分析。此系列情报关于中国的内容在 1956 年之后出现，从知识议题的角度可将这一系列情报归纳为"中苏关系"的知识（1956—1972)。

## （三）作为"中南关系"知识的《中共在亚非拉》

第三类是由情报分局在 1958 年至 20 世纪 70 年代期间所生产的以中国与南方国家间的关系为主题的情报。这部分情报并不是系列情报，但从情报生产机构来看，绝大部分是情报分局在 20 世纪 50 年代后期至 70 年代生产的。中情局将新中国在南方国家的对外宣传作为评估中南关系的依据，是中情局以新中国国际传播作为信息过滤对象的集中体现，信息过滤逻辑与知识生产结果为美国决策层提供了关于

---

① 洛文塔尔，克拉克．情报搜集的五大科目［M］．孟林，译．北京：金城出版社，2021：14.

中国国际传播的早期定义，也为我们通过历史视野理解当前中国国际传播在美国等西方国家所面临的局面提供了现实路径。从知识议题的角度可将这部分情报归纳为"中南关系"的知识（1958—1972）。

中情局涉华宣传情报所涉及的知识议题"基础认知""中苏关系""中南关系"形成了中情局涉华知识生产的总体议题框架。这三类情报的知识生产是从新中国宣传，到新中国大众传媒，再到新中国国际传播的递进式的聚焦。

## 信息过滤的对象：新中国的"宣传"

### （一）功能视角下的新中国宣传

在苏联的观念中，宣传是与"保证了俄国革命的成果和苏维埃政权建立初期的政治稳定"[①] 和社会动员相联系的。苏联的宣传观念和实践，对于中国共产党宣传工作的影响是巨大的，中国共产党在延安时期所确立起来的关于宣传的工作方法和理念，在新中国成立后得以延续。"因为延安时期宣传观念和体制实验的大获成功，这一模式也成为 1949 年后中国宣传体制的主要参照系。"[②] 新中国宣传在结合中国实际的情况下参考了苏联模式，形成了集中统一管理下的、嵌入社会各阶层的传播体系。

新中国成立后，宣传事业与其他各方面事业一并迅速开展，但新中国宣传所承担的功能和任务不同于一般意义上的大众传媒。"中

---

① 刘海龙. 宣传：观念、话语及其正当化 ［M］. 2 版. 北京：中国大百科全书出版社，2020：95.

② 同①241.

共 1949 年夺取全国政权后，'塑造新人'成了与建设新社会并行的目标"①，而前者成为新中国宣传承担的重要任务之一。"党在全国范围内进行巨大而生动的宣传思想工作，领导人民积极改造从旧社会带来的旧思想、旧观念、旧习惯，有步骤地改革旧有文化教育事业，使社会各阶层普遍受到深刻的思想政治教育，逐步树立起马克思列宁主义、毛泽东思想占主导地位的文化意识形态"②，新中国宣传战线是"传播革命思想和民族的科学的大众的新文化的舆论宣传阵地"③。1951 年，第一次全国宣传工作会议通过的《关于加强党的宣传教育工作的决议（草案）》从思想理论建设、党内思想教育、群众宣传鼓动、时事政策宣传、新闻舆论出版等方面提出了具体措施，这也是对新中国宣传所应承担任务和功能的总结与概括。

### （二）机构视角下的新中国宣传

在中共中央和中央军委进入北平之后，新中国宣传体制和机构的前期基础得以迅速建立。除了从中央到地方对通讯社、报社、广播电台、出版机构以及电影机构进行改组、改版、扩充及没收、接收，逐步形成统一管理的总体局面外，在新中国成立前夕还相继成立了中华全国文学艺术界联合会（现为中国文学艺术界联合会）、中华全国文学工作者协会（现为中国作家协会），是全国文艺界"在新民主主义旗帜下，在毛泽东同志新文艺方向之下的胜利的大

---

① 程映虹. 塑造"新人"：苏联、中国和古巴共产党革命的比较研究 [J]. 当代中国研究，2005（3）：72-91.
② 中共中央宣传部. 中国共产党宣传工作简史 [M]. 北京：人民出版社，2022：230.
③ 同②261.

团结、大会师"①。新中国成立后，形成了一个庞大且涵盖社会各层面的宣传体系。陆定一于 1949 年 11 月 1 日在《关于宣传部工作情况及机构设置问题给毛泽东的报告》中提到"把中宣部重新健全起来，成为今后的重要工作"②，并拟定中宣部设立政治教育处、时事宣传处、研究处、干部处、解放社以及秘书处等六部门。中央人民政府成立了新闻总署和出版总署，建立起了全国统一的新闻出版机构。1951 年，第一次全国宣传工作会议要求建立在各级党委的统一领导下、由宣传主管部门组织实施的宣传思想工作运行机制。③ 在"统一领导"的工作格局下，各级地方改组或建立起相应的宣传管理机构、以大众传媒为主的宣传机构、承担部分宣传职能的社会团体。中共中央于 1951 年 1 月 1 日发布《关于在全党建立对人民群众的宣传网的决定》，要求建设在专门的宣传部门之外的"宣传网"④。

需要补充的一点是，新中国成立后，在对香港地区的政策上采用了"长期打算，充分利用"的八字方针，"保留了香港这一传统的国际通道作为新中国与国际社会尤其是西方资本主义世界联系的桥梁"⑤。在解密情报中就有一部分新中国的信息来自香港地区，主要

---

① 中共中央宣传部.中国共产党宣传工作简史 [M].北京：人民出版社，2022：226.
② 韩晓青.新中国成立初期召开的两次全国宣传工作会议 [EB/OL].（2022-12-02）[2024-12-30].http：//cpc.people.com.cn/n1/2022/1202/c443712-32579135.html.
③ 李斌.新中国成立初期宣传思想工作的主要成就与经验 [EB/OL].（2021-11-24）[2022-12-10].http：//www.xinhuanet.com/politics/2021-11/24/c_1128094388.htm.
④ 朱至刚.试析建国初期宣传网的建立和撤销：以党的组织力量为考察背景 [J].现代传播（中国传媒大学学报），2012，34（11）：37-42.
⑤ 齐鹏飞.新中国成立后中共"暂时不动香港"战略出台始末 [J].党史博采（纪实），2007（13）：5.

来源是香港《文汇报》、《大公报》和《群众》周刊等。虽然地处资本主义制度的香港地区，但香港《大公报》由中共港澳工委直接领导，香港《文汇报》则是民主党派中国国民党革命委员会的机关报，《群众》周刊为"中国共产党之机关刊物"①，这些报刊实际上是作为新中国宣传的一部分在香港发挥独特作用。所以，这一部分解密情报，也被归入本书的研究范围。

**（三）传播类型视角下的新中国宣传**

新中国宣传体制和机构组成，除了具有"党委的统一领导""全国统一"的特征外，从传播类型角度来看，还涵盖了人际传播、群体传播、组织传播、大众传播四种传播类型。新中国宣传除了以广播、报纸、期刊、图书、电影等典型的大众传媒为主要手段外，也充分发扬人民战争的传统，利用人际传播开展工作。1951年，为了解决新中国成立初期广播和报纸等大众传媒无法覆盖全国人口大多数所在的农村地区，无法有效传达党的政策的问题，参照苏联在民众之中设宣传员、鼓动员的经验，中央决定建立全国和全党范围的宣传网。各级党委设宣传员和报告员，前者在民众中普及党的方针政策，后者承担宣传员的领导工作，并向群众做政治报告。宣传网是"以人际传播为中心的由上至下的"②，在新中国成立初期，人际传播弥补了大众传播力量的不足。"1954—1955年全国性媒体网络建立以后，宣传员制度逐渐被取代"③，一直到1958年3月31

① 范佛山.《群众》周刊在香港时期的斗争策略 [J]. 群众，2022 (2)：65-66.
② 平野孝治. 试论新中国成立初期宣传网的建设及宣传工作 [J]. 爱知大学国际问题研究所纪要，2010 (11)：119-139.
③ 许静. 大跃进运动中的政治传播 [M]. 香港：香港社会科学出版社有限公司，2004：95.

日，中共中央发布《关于宣传网问题的通知》，由各级党委自行决定宣传网的去留问题，宣传网基本退出历史舞台。"为了与高度集中的计划经济体制相适应，我国逐渐建立起一套以国家全面管控为主要特征的社会治理模式。在城市表现为单位制、街居制，在农村表现为人民公社制"①，新中国宣传嵌入了新中国社会建设，除了在全国范围内组建以人际传播为中心的宣传网，还在城市以单位、街道居委会为单元和主体，在农村以村（后为人民公社）为单元和主体形成了特定的社群单元，这些社群单元基于其内部共同的利益、文化和组织方式开展了介于宣传网（人际传播）与宣传机构（大众传播）之间的群体传播和组织传播。从新中国宣传所承担的功能和任务以及体制和机构的组成来看，新中国宣传不同于西方所理解的大众传媒，而是一个涵盖了各种类型传播方式并深刻嵌入中国社会的传播体系，同时信息流动依然是新中国宣传的重要属性。在这种社会嵌入和信息流动的双重属性下，后者使中情局通过新中国宣传了解新中国的"可及性"得以成立，而前者使中情局通过新中国宣传了解新中国的"充分性"得以成立。

## 双重过滤的知识结果："隐蔽的国际传播"的分析框架

中情局的信息过滤本质上是对新中国的知识生产，在涉华知识生产的两个阶段——情报生产和情报解密——所进行的信息过滤也可以称为双重过滤，这是"隐蔽的国际传播"的核心逻辑所在，中情局双重过滤的结果是进行了两次知识生产。在中情局涉华知识议题的总体

---

① 王志民.中国共产党领导新中国社会建设实践与启示［N］.学习时报，2021 - 06 - 09（1）.

框架下，本书从对涉华知识生产的两个阶段中信息过滤的选择、使用以及框架三个方面进行了分析。因为本书的研究起点落在信息过滤的结果即中情局涉华宣传情报之上，所以书中所言的过滤并不是指内容的剔除，而是内容经过提取进入传播渠道；双重过滤的结果即知识生产，建构出每一大类议题内的议题框架，最终形成了对"隐蔽的国际传播"的逻辑和结果的基本认识结论。本书的分析框架如图1-2所示。

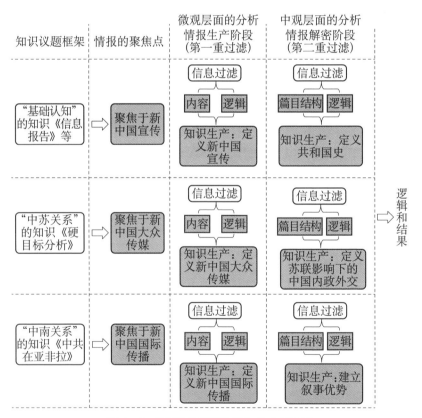

图1-2 "隐蔽的国际传播"的分析框架

# 第二章 | "误解" 新中国的 "宣传"

作为 "基础认知" 知识的《信息报告》等
(1949—1954)

中情局的信息过滤与知识生产，可谓"机关算尽太聪明"。一方面，将"反共主义"树为"国家宗教"，严控国民思想。另一方面，解构新中国"民族国家叙事"，扰乱世界视听。

对中国的"妖魔化"本质上就是美国等西方国家对中国进行的"他者"定义。作为情报机构的中情局在美国官僚体系中的作用之一是为美国决策层提供信息咨询,本章所讨论的涉华宣传情报即为中情局向美国决策层提供的关于新中国的"基础知识"。中情局对作为信源的新中国宣传进行信息过滤,过滤后的新中国宣传生成了美国在国际传播场域对中国进行定义的权力来源——知识,且形塑了美国决策层对华的基本认知。对于新中国宣传在其情报工作中的作用,中情局解密的备忘录《时事情报办公室对外国广播宣传分析的评论》中有明确的表达,"将共产党报刊和广播作为基本信息来源,同时作为关于多种问题的事实信息(factual information)和官方态度(official attitudes)的表述"[1]。从中情局涉华知识生产的时间和内容来看,由外国广播信息服务局生产的系列情报《信息报告》与《外国文件和广播信息》是涉华知识议题框架中的"基础认知"议题。《信息报告》是一份具有较长历史沿革的情报,在中情局成立之前的中央情报组时期就关注中国共产党宣传。新中国成立后,《信息报告》对中情局语境中作为"宣传机器"[2]的新中国宣传进行了分析,向受众提供关于新中国宣传的基础知识。《外国文件和广播信息》的时间分布为 1949 年至 1953 年。《信息报告》与《外国文件和广播信息》是中情局涉华信息过滤初始阶段的成果。

《信息报告》与《外国文件和广播信息》以简报的文本形式呈现,这与之后的涉华宣传情报"评估报告"的文本形式有所区别。

---

① 文档编号(FOIA)/ESDN(CREST):CIA-RDP91T01172R000400030001-5
② 文档编号(FOIA)/ESDN(CREST):CIA-RDP61-00549R000100230002-8

简报的目的是直接提供一种简明信息；评估报告的目的是通过对信息的分析，推导出评估对象可能的意图或评估当前的形势。后者对于信息的理解是建立在对信息有所掌握的基础上的，也就是说评估报告是建立在对简报的理解之上的。《信息报告》与《外国文件和广播信息》不仅为情报用户提供了基础认知，也为中情局的分析师们提供了基础认知。中情局将新中国宣传的哪些内容过滤进了《信息报告》与《外国文件和广播信息》情报文本之中，从而使得新中国宣传"被国际传播"到美国官僚体系？中情局又将《信息报告》与《外国文件和广播信息》系列情报中的哪些内容过滤（解密）到其向全球用户开放的《信息自由法》电子阅览室？中情局的这两次信息过滤有哪些特征？形成了何种信息过滤框架与知识议题框架？以上是本章所要讨论的问题。

# 一、情报生产阶段的信息过滤与知识生产

情报生产阶段是中情局涉华知识生产的第一阶段，在这一阶段中，中情局对作为信源的新中国宣传进行了信息过滤，形成了《信息报告》与《外国文件和广播信息》两份系列情报，为美国决策层（情报用户）提供了定义中国的基本内容。

## 信息过滤："被国际传播"的新中国宣传

简报形式的《信息报告》与《外国文件和广播信息》最直接的作用是向受众提供简明信息，这是一种不需要深厚背景知识和复杂

推理逻辑就可以被理解的知识，是美国定义中国知识生产的基础，也即被本书称为"基础认知"的知识。在涉华宣传情报生产阶段，中情局对新中国宣传的提取和应用构成了其信息过滤的行为特征。

**（一）"国家机器"与大众传媒：过滤后的新中国宣传**

新中国成立后，基于对延安时期宣传方法和理念的延续并参照苏联宣传，形成了深刻嵌入中国社会的，具有庞大且复杂的运行机构、传播功能和类型的宣传体系。与此同时，美国情报界也将共产主义国家的宣传定义为一个涵括了统治工具和传播媒介等多种属性的概念，这种观念对《信息报告》与《外国文件和广播信息》两份情报的生产所产生的影响，使新中国宣传以"国家机器"与大众传媒两种形态呈现在中情局的情报文本之中。

1. 党的宣传部、宣传网和"宣传战"：作为"国家机器"的新中国宣传

（1）新中国成立前中国共产党的宣传。

中情局成立之前，中央情报组就开始关注中国共产党的宣传。在解密情报中，中央情报组对陆定一持积极的评价，认为陆定一"英语和俄语说得相当好，是一个聪明且有能力的人，受到了与他共事的美国人的高度尊重"[①]。在宣传体制上，中央情报组依然从意识形态角度出发关注"新闻审查"的问题，"无论在中国的哪个地方，每一个中国共产党官方机关都有一个单独的委员会来审查将在

--------

① 文档编号（FOIA）/ESDN（CREST）：CIA-RDP82-00457R000400270010-1

报纸上发表的文章"①。对于中国共产党所开展的国际传播活动，中央情报组对陆定一同志的表态及其开展的工作、中共在香港地区的宣传活动进行了分析，认为中共虽然面临诸多掣肘，但很重视国际传播，"陆认为中共的宣传对中国人民群众影响很大，但对国外的影响很差，共产党宣传的最大不足是缺乏足够的英文出版物、高级中文出版物，以及缺少曾在英国和美国旅行过的说英语的人。陆在延安开办了记者学校，教授聪明的年轻中国同胞英语和宣传技巧，因为中国共产党人正在为中国发生革命或某种程度和平解决当前局势的那一天做准备，也因为训练有素且英语流利的记者太少了"②。中央情报组针对中共利用香港地区的"联通中外"优势所开展的宣传活动进行了详细分析，在情报中详细列举了诸如中国出版社、香港印刷工业合作社、民生书店等在香港地区出版、印刷和销售中国共产党宣传材料之机构的名称和地址，且对《中国文摘》（*China Digest*）进行了详细了解，"《中国文摘》在香港地区出版，是非中共官方的亲中共杂志的例子，是一本在香港特区政府合法注册的半月刊，《中国文摘》由龚澎和乔木负责"③。

（2）"党的宣传部"。

《信息报告》并不是专门以新中国宣传作为分析对象的系列情报，而是将新中国作为一个整体进行分析。在涉及新中国政权组织架构的部分，宣传部门或者宣传负责人始终作为组成部分出现。对

---

① 文档编号（FOIA）/ESDN（CREST）：CIA-RDP82-00457R000400270010-1
② 同①.
③ 文档编号（FOIA）/ESDN（CREST）：CIA-RDP82-00457R001801020008-5

于"宣传部",中情局认为其可能是一个"党组织的信息部门"①,例如华南分局宣传部涉及"教育办公室、监察、党的政策研究、党报、社论、新闻、马列夜校"②,华东局宣传部涉及"信息、演讲、编辑、画报、插图(图解、说明)、戏剧、教育和文化办公室"③。对于中共的宣传组织,中情局认为新中国的宣传工作"受中共不同的宣传部门直接指挥,这些部门管理着广播电台、报纸、期刊、电影和戏剧"④,新中国宣传作为新政权的组成部分以此种形式出现。新中国政权的花名册部分会将宣传部门的相关工作人员信息列入其中,例如在对中共中央华南分局主要人员的介绍中⑤,就对华南分局宣传部门的负责人、《华商报》的社论作者和编辑、《经济简报》和《星期报》的经理进行了介绍;在中共中央中南局的花名册中,同样涉及中南局宣传部部长和副部长。在涉及新中国政权运行的部分,会将"宣传工作"作为分析新中国政权运行情况的依据之一,例如"每个单位都已经建立了青年组织对人群中的落后分子进行宣传工作,几乎家家户户都悬挂毛泽东的画像"⑥。

(3)"宣传网"。

中情局关注的宣传网工作人员为"报告员和信息员"⑦,及其开

---

① 文档编号(FOIA)/ESDN(CREST):CIA-RDP82-00457R011200010009-1
② 文档编号(FOIA)/ESDN(CREST):CIA-RDP82-00457R015400160009-9
③ 文档编号(FOIA)/ESDN(CREST):CIA-RDP82-00457R015700390007-3
④ 文档编号(FOIA)/ESDN(CREST):CIA-RDP82-00457R015100160009-5
⑤ 文档编号(FOIA)/ESDN(CREST):CIA-RDP82-00457R002300080010-1
⑥ 文档编号(FOIA)/ESDN(CREST):CIA-RDP80-00810A000700560010-2
⑦ 文档编号(FOIA)/ESDN(CREST):CIA-RDP80-00809A000600150200-2

展工作的地点"军队、城区、组织、学校、工厂、农村、煤矿"①。对于宣传工作者个人的工作,"宣传工作者至少一个月要举行一次全体大会,在会议上讨论相关意见,通过关于下个月宣传工作的决议"②。中情局在这个时候已经认识到了中国的城乡差异对于宣传工作的影响,对宣传工作者工作的分析采取了城市-农村二元框架。在城市,"每一位党员负责街道、学校或者区域的宣传工作。宣传工作者会对所负责的群体进行常规的走访,传达由上级选定的一些主题,并会向上级汇报人民关于当前事件、政府和其他事务的意见"③;在农村,"每个村都有宣传员,宣传员接受区域党委宣传部的指示,宣传员负责在其所分配到区域的人群中开展宣传工作"④。宣传工作者的工作重点是"在一个新的措施实施之前,要用大量的时间向公众宣传采取这种措施的原因。所有的宣传工作者都会为了任务行动起来,同时密切关注公众对于新措施的意见"⑤。

(4)"宣传战"。

朝鲜战争爆发后,中朝双方指责美军在朝鲜战场开展"细菌战"。1952 年 3 月,中情局国家评估委员会(BNE)提交了题为《共产党对美国使用细菌武器的指责》的报告,宣称这是中朝两国发动的一轮"心理战"⑥,且"在覆盖范围和集中程度上超过了中共

---

① 文档编号(FOIA)/ESDN(CREST):CIA-RDP80-00809A000600150200-2
② 文档编号(FOIA)/ESDN(CREST):CIA-RDP82-00457R015100160009-5
③ 同②.
④ 同②.
⑤ 同②.
⑥ 中情局在其后的分析中,又称之为"宣传战",考虑到称谓的统一性,下文沿用"宣传战"的称谓。

以往的任何一次"①，新中国宣传在其中成了分析的基本信源。通过新中国宣传信息，中情局对宣传战的时间线进行梳理，指出其"开始于共产党新华社在 2 月 21 日的报道，声称自从 1 月 28 日美国就开始在朝鲜使用细菌武器，但并没有在中国境内开展细菌战的指责出现"②。对于细菌战的指责进入新一阶段的标志是"3 月 6 日，北平电台指责美国 2 月 29 日在中国东北地区使用了细菌武器"③，随后《人民日报》指责美国在中国东北地区使用细菌武器"是要破坏朝鲜停战谈判，延长和扩大在朝鲜的侵略，煽动新的战争"④，这些指责"迅速地被其他宣传源放大"⑤。3 月 14 日，中国指责美国扩大了在中国使用细菌武器的范围，"美国在山东青岛附近空投受感染的昆虫"⑥。中情局认为这次宣传战的目的是"服务共产党国内宣传的需要"，包括"对于可能出现的传染病建立一种托词、促进军民努力提升公共卫生和环境卫生水平、刺激贯穿共产主义世界的反美情绪"⑦三重目的。

新中国成立后，美国开始警惕共产主义在东南亚的"多米诺骨牌"效应。这一阶段时事情报办公室所生产的情报中，就将新中国宣传作为判断新中国在东南亚输出革命，扩张共产主义能力的依据。时事情报办公室认为新中国实行的傣族民族区域自治制度是共

---

① 文档编号（FOIA）/ESDN（CREST）：CIA-RDP79S01011A000600050023-4
② 同①.
③ 同①.
④ 同①.
⑤ 同①.
⑥ 同①.
⑦ 同①.

产主义在东南亚扩张前的准备，"近几周，关于傣族自治区政府在东南亚共产主义计划中所扮演的角色，有相当多的猜测"①。时事情报办公室在对傣族民族区域自治的了解上，运用了新中国宣传所提供的信息，"依据共产党媒体提供的数据，自治区有人口20万，由众多少数民族组成，傣族占多数"②。

2. 管理体制、类型结构与国际传播：作为大众传媒的新中国宣传

（1）大众传媒的管理体制。

在新中国对大众传媒的管理上，中情局从报纸和广播两个方面进行了分析。在报纸方面，"各省和自治区都出版自己的报纸。《人民日报》是中国共产党的官方报纸，《解放日报》由华东局出版，《长江日报》由中南局出版，《南方日报》由华南分局出版，《新华日报》由西南局出版，《东北日报》由东北局出版"③；在广播方面，新中国"在国家、省和特别管理区域的层级都有自己的广播体系"④。值得一提的是，中情局对新中国宣传的分析并没有局限在对大众传媒的关注上，情报还分析了组织和个人在宣传中的角色。"中国文联、妇女联合会和中华学生联合会中的党员起到了在新闻界人士、学术和艺术工作者、学生中开展宣传的领导作用。这些组织通过报纸、杂志、剧院和电影，对党和政府给予了重要辅助。"⑤

---

① 文档编号（FOIA）/ESDN（CREST）：CIA-RDP91T01172R000200290057-8
② 同①.
③ 文档编号（FOIA）/ESDN（CREST）：CIA-RDP82-00457R015100160009-5
④ 同③.
⑤ 同③.

中情局认为新中国的新闻机构由广播电台、新闻通讯社和报纸三类构成。新中国广播电台有三个层级，即"中央人民广播电台、大区一级的人民广播电台和省级人民广播电台"①，在规模上，"政府控制的广播电台有 78 个，接收站有 15 000 座"②。中情局认为新中国的新闻通讯社仅为新华社，新华社分为总社与分社，"一个总社和 7 个主要分社、46 个国内分社、3 个海外分社"③。新中国有"43 家私人运营的报纸"，政府控制的报纸"每天出版 260 万份"。政府控制的报纸分为四个层级，"中共中央机关报《人民日报》，各中央局的党报（沈阳《东北日报》、上海《解放日报》、西安《群众日报》和重庆《新华日报》等），省级党报和县级党报"④。

中情局将新中国出版机构叙述为一个由印刷、出版、投递、发行等机构组成的网络。新中国各类出版物和期刊的数量被中情局作为衡量指标，新华书店是新中国出版物的主要发行机构，发行量"占到了全部出版物的 75%"⑤。中情局认为，新中国的出版机构会通过"根据当地的市场需求进行更准确的发行规划、发行费和邮费的调整，以及提高出版物的发行效率"⑥ 这三个方面来逐步修订出版物的发行方法。

中情局将新中国国情作为对新中国宣传认知的基础。一方面中

---

① 文档编号（FOIA）/ESDN（CREST）：CIA-RDP80-00809A000600150200-2

② 同①.

③ 同①.

④ 同①.

⑤ 同①.

⑥ 文档编号（FOIA）/ESDN（CREST）：CIA-RDP80-00810A002000060003-0

情局意识到了新中国宣传机构层级设置与新中国行政层级基本同步，印刷机构和投递网络、发行网络由"邮政总局/新华书店总公司/新华印刷总公司，各大行政区、省级和县级的邮局/新华书店/印刷厂"① 组成；另一方面，《信息报告》将新中国出版机构分为"政府运营"（government-operated）和"私人运营"（privately-operated）两类，"政府控制的印刷机构仅占中国印刷能力的 25％"②。新中国政府运营的出版社有人民文学出版社等 9 家，中情局已经了解了每家出版社出版物的不同类型。针对新中国电影机构，中情局在《信息报告》中进行了提示，需要关注新中国政府运营的电影院、电影制片厂、电影放映队、电影剧本编写队伍、电影学院，以及中国电影公司和中国电影设备公司的情况。在对新中国戏剧机构的分析中，中情局通过"剧院、政府文化活动队和文化娱乐中心"③这三组数据，确认了剧院的数量（东北大行政区有 82 座，另外 18个城市一共 161 座）、政府文化活动队的数量（400 支队伍，由 4 万名成员组成）、文化娱乐中心的数量（覆盖工厂、县、乡和村，一共1 241 个）等。

（2）大众传媒的类型结构。

在新中国宣传大众传媒体系之中，中国共产党在香港地区的出版物"着眼于战后香港特殊的舆论环境以及对外宣传的战略地位"④，

① 文档编号（FOIA）/ESDN（CREST）：CIA-RDP80-00809A000600150200-2
② 同①.
③ 同①.
④ 何薇.1947—1949 年国共在香港的宣传争夺战：以《群众》周刊为考察中心[J]. 党的文献，2018（1）：86－91.

起到了"联通中外"的作用。作为中情局开源情的一部分，中共香港地区出版物经历了从主要信源到逐渐边缘化的演变过程。在1949年至1950年的《外国文件和广播信息》中，香港《大公报》、《文汇报》、《群众》周刊和诸如南方书店出版的《新中国的经济》等出版物，成了政治类议题"政权组成""宣传工作"信息的主要信源。之所以形成此种局面，一方面由于中情局对于新中国宣传信源的认知惯性来自香港地区信息的易得性，另一方面此时新中国国内的宣传体系处于一个逐渐建立和完善的过程。1950年后，中共香港地区出版物就较少作为《外国文件和广播信息》的信源出现了，取而代之的是各地的党报。

与20世纪50年代后期中情局高度依赖《人民日报》、《红旗》杂志以及新华社电讯等中央层级的大众传媒不同，随着新中国宣传体系的建立，中情局经历了将新中国各地区和各层级党报作为重点信源的阶段。这一方面是由于各地区和各层级党报大众传媒作用的发挥，另一方面是中情局出于对新中国各项议题全面了解的需要。但与中情局曾对中共香港地区出版物的偏好相同，在对各级党报的选择上，《外国文件和广播信息》也有明显的特征。在地域的分布上，除地处北京的《人民日报》《光明日报》《中国青年报》《工人日报》外，主要以东北地区的《东北日报》和《旅大人民日报》、华北地区的《天津日报》、华中地区的《长江日报》、华东地区的《解放日报》、华南地区的《南方日报》，以及西北地区的《群众日报》等党报为信息源。这种党报信息源格局，一方面说明中情局对上述党报作为所在地区信息源的高认可度，另一方面也受中情局在情报搜集阶段新中国宣传大众传媒可及性的影响。在报道议题上，《东北日报》《南方日报》成为在新中国成立前后政治类重点议题"政权组成"的主要信源；同时，《外国文件和广播信息》中政治类议题"宣传工作"涉及上述的大多数党报，中情局重点关注了各级各类党报对"宣传工作"的报道；在信源的使用率上，中情局对《人民日报》《南方日报》和《长江日报》的使用率最高。

值得注意的是，在《外国文件和广播信息》系列情报中，中文注释参考书目（Chinese annotated bibliography）单独作为一个议题存在，信源为新中国彼时出版的各种类型的"小册子"。在中情局解密档案中，仅有 1949—1954 年这段时间的《外国文件和广播信息》连续集中使用小册子作为中情局对新中国认知的基础性信源，这一方面基于中情局对新中国宣传作为信息的认知，公开出版物小册子更容易获取；另一方面，也是由于新中国的报纸和期刊等其他媒介信息供给不足，中情局只能将小册子作为认知的基础性信源。这种情况随着新中国宣传大众传媒功能的逐步完善而改变，报纸、期刊、广播等媒介迅速取代了小册子的基础性信源地位。根据《外国文件和广播信息》的划分规则，现有的中文注释参考书目均标记了二级分类"经济"，从功能定位的角度来看，小册子同样为泛经济观念下认知新中国经济发展情况的信源。

前述内容是在"基础认知"议题中，新中国宣传在《信息报告》与《外国文件和广播信息》两份系列情报中被国际传播的体现。这些内容也是中情局对新中国宣传信息进行过滤的结果，国家机器视角的党的宣传部与宣传网以及大众传媒视角的管理体制与类型结构，这两方面的内容构成了中情局为美国决策层提供的知识，这些知识为美国决策层定义了新中国和新中国宣传。

（3）对国际传播的初步认知。

《信息报告》在对新中国宣传国际传播的分析中，认为这种国际传播指向了海外华人。《信息报告》分析了新中国通过大量的广播节目和出版物对韩国华人进行的宣传，中情局认为"这是一个对海外中国人进行集中宣传的明显的例子"①。中情局注意到了新中国对于海外华人进行的宣传，不仅通过大众传媒，还通过人际传播等多种途径进行，"政府鼓励有亲戚尤其是妻子或丈夫居住在东南亚的人民，通过信件宣传中共和居住在中共政府体制下的优势；政府允许特定的内地人员去香港访问来自东南亚的亲戚"②，同时政府也通过海外中国家庭访问团、妇联、海外华人友好俱乐部等组织"与有海外中国人关系的家庭接触，鼓励他们给这些亲属写信，去赞扬政府"③。

中情局也认为新中国此时展开了针对东南亚国家的宣传。《信息报告》对新中国在东南亚的出版物④发行计划进行了分析，"1953年初，人民出版社华南分社向广东人民出版社提供了五种书的翻译版本，每种书已经订购了一两百万本，并且尽可能快速印刷。这些

---

① 文档编号（FOIA）/ESDN（CREST）：CIA-RDP82-00457R004800470006-9
② 文档编号（FOIA）/ESDN（CREST）：CIA-RDP80-00810A002100690009-4
③ 同②.
④ 根据《信息报告》中的说明，这五本书的其中一本名为《共产党的统一历史》，其中文版本为1952年12月28日由中南人民出版社出版的《中国共产党简史》，其他四本包括斯大林、毛泽东等的传记和演讲。

书已经被翻译成印尼语、马来语、缅甸语和泰语"①，显然这些书的受众不再以海外华人为主，而是面向东南亚国家本地居民，"这五本书翻译版本的印刷是出于宣传目的，被偷运到东南亚国家的"②。依据1954年9月签订的《东南亚集体防务条约》于次年2月成立的东南亚条约组织（Southeast Asia Treaty Organization），正是美国为了防止"多米诺骨牌"效应的发生而采取的措施，旨在遏制共产主义。在《东南亚集体防务条约》签订后，中情局关注到新中国宣传在国际传播方面进行了相应的调整，"中国通过宣传活动阻止美国发起的所有亚洲和东南亚军事联盟的形成，建立起自身的反美宣传，并使英国确信其自身的控制权已经被美国剥夺"③。

在国际传播总的基调上，中情局认为当时的新中国宣传是在"反美亲苏"。"党对于反美宣传付出了特别的关注，偶尔也有反英宣传。宣传美国是帝国主义者和中国人民的敌人，由目击者向公众陈述美国士兵对中国女孩的暴行"④，但同时"鼓励中国人向苏联和苏联人表示友好，宣传苏联对中国的慷慨援助和苏联科学、工业的最新发展以及高生活水平。宣传其成就和在人民福祉上的作为，苏联无意侵占中国的领土和主权"⑤。

**（二）过载信息与放大能力：新中国宣传的过滤标尺**

信息在最终发布之前必须经过"把关"，这是传递和构建社

---

① 文档编号（FOIA）/ESDN（CREST）：CIA-RDP80-00810A003800220008-8
② 同①.
③ 文档编号（FOIA）/ESDN（CREST）：CIA-RDP80-00810A004900230005-1
④ 文档编号（FOIA）/ESDN（CREST）：CIA-RDP82-00457R015100160009-5
⑤ 同④.

会现实的一个重要部分。中情局以新中国宣传为信源,向美国决策层所构建的认知新中国与新中国宣传的基本框架,是中情局以当时的信息过滤标尺为轴线,对新中国宣传进行信息选择的结果。

1. 过载信息:对新中国宣传信息的非规律性提取

"在20世纪40年代末,对于华盛顿的政策制定者们来说,重新区分哪个国家是朋友、哪个国家是敌人并非是件容易的事情。还须同那些尚未决定倾向于哪方的和动荡的区域打交道,革命中的中国就属于这一类"[①]。这一阶段不仅是中情局为美国决策层提供"基础认知"知识的阶段,也是中情局自身建立对新中国和新中国宣传认知的阶段。虽然中情局将新中国宣传视为"统治工具"与"大众传媒",但这一时期的新中国宣传以一种被泛化的状态进入情报生产中——只要与宣传有联系,即会被编辑成《信息报告》或《外国文件和广播信息》,这与美国情报界对"宣传"内涵理解的宽泛性有关,更是因为中情局没有建立起对新中国宣传的规律性认知。克莱•舍基在分析互联网信息过载问题时指出"不是信息过载的问题,而是过滤失败"[②],在这一阶段,中情局并没有建立起对新中国宣传的过滤标准,所以呈现出了一种非规律性状态。中情局在媒介的选择上并没有侧重点,中国共产党在香港地区的出版物、各级党

---

① 张少书. 朋友还是敌人?:1948—1972年的美国、中国和苏联 [M]. 顾宁,刘凡,李皓,译. 北京:中央编译出版社,2014:2.

② 温伯格. 知识的边界 [M]. 胡泳,高美,译. 太原:山西人民出版社,2014:17.

报、公开出版发行的各类小册子都成了中情局的信源；中情局无限
"泛化"了新中国宣传的内涵，将新中国"党的宣传部"的功能定
位与组织架构、宣传网、宣传战、大众传媒管理、出版机构、发行
机构等都作为了关注对象。

在全面了解新中国宣传的情况之后，《信息报告》与《外国文
件和广播信息》系列情报在 1954 年后迅速减少，这应该与情报用
户已依据二者前期提供的"基础知识"建立起对新中国和新中国宣
传的基本认知有关。其后的涉华宣传情报开始以"评估报告"为
主，1954 年 6 月，外国文件处的新版新中国宣传信息搜集计划也意
味着中情局对新中国的知识生产进入了下一个阶段。1954 年 6 月，
外国文件处根据情报顾问委员会在外语出版物利用小组委员会会议
上提出的意见，制订了关于共产主义中国的计划①。根据这一计划，
来自中国的信息被按照经济、社会、军事三大类别，以报纸、期刊
和专著三种媒介类型进行了划分，制作出了以大陆地区报纸为信源
的中国经济信息周报（涵盖农业、林业、贸易、金融、工业、矿产
资源、交通、电信、电力等信息）、中国社会信息双周报告（涵盖
有关政治组织、少数民族、人力、教育、健康和福利以及共产主义
中国的传记的信息）、中国军事信息月报（涵盖军事信息的方方面
面，包括军人的政治经济活动和军事宣传）、中共报纸月度索引
（《人民日报》和《工人日报》，后由天津《大公报》取代《工人日
报》）、中国共产党期刊目录（按罗马字母化标题首字母顺序排列，
包括经济、科技、政治和社会几大类），以及中国共产党专著书目

---

① 文档编号（FOIA）/ESDN（CREST）：CIA-RDP78-03130A000100030059-8

月报（根据外语出版物利用小组委员会的建议，该月报在出版第三期后停刊）。

2. 放大能力：塑造博弈能力强大的异质性国家

《信息报告》和《外国文件和广播信息》包含很多对新中国持积极评价的内容。彼时的中情局是具有明确"反共"意识形态的国家机器，且面临着美国国内麦卡锡主义盛行的极端政治环境，这种内容缘何被过滤进了情报之中？其原因在于"整个冷战期间，中情局在评估中国宣传能力时，倾向于以威胁预期最大化作为评判标准，导致其有很多评估都有明显的夸大之嫌"①。在中国的历史叙事中，新中国成立后面对的是"满目疮痍、百废待兴"，但中情局的情报把新中国塑造成了在国际传播、大众传媒、宣传体系等方面均具有强大能力的政权，"毫无疑问，共产党已经变成了世界上在宣传领域多产的制作者"②，体现了一种中情局对于新中国信息过滤的二元叙事。例如在情报文本中，中情局通过宣传网将新中国宣传体系描摹成了一个覆盖到所有个体、密不透风的严密网络，这是对新中国宣传的严重误解。实际上宣传网的建立目的是弥补新中国成立后大众传媒覆盖率低的不足，在新中国大众传媒完善后不久便退出了历史舞台。另外，从"基础知识"议题到后来的"中苏关系""阵营分裂"议题，新中国的国际传播始终是被提取进情报文本的重点内容。一方面，通过内容的筛选，在能力上塑造出一个具有强

---

① 赵继珂. 美国中情局涉华宣传情报档案评介 [J]. 中共党史研究，2021（3）：153-159.

② 文档编号（FOIA)/ESDN（CREST)：CIA-RDP82-00457T014400340002-7

大国际传播力的中国，在意图上突出新中国对海外华人和东南亚国家的影响与渗透；另一方面则放大中国的反美立场。

中情局通过提取可供放大新中国能力的内容将新中国塑造为博弈能力强大的异质性国家，是其"威胁预期最大化"① 行为的表征之一，这种行为的成因不难理解。乔姆斯基与赫尔曼在分析美国大众传媒时提出了宣传模型，其关键内涵是五个"新闻过滤器"②，认为新闻素材需经过五种因素的过滤才适合发表。虽然大众传媒与情报机构在运行主体等方面区别巨大，但其对于信息生产的基本逻辑是一致的。五个过滤器当中作为制约力量的"新闻批评"与作为控制手段的"反共理念"，有助于理解中情局放大中国能力的成因。对于中情局而言，可以将新闻批评理解为情报机构所面临的外部压力，冷战结束后不久外国广播信息服务局即被撤销的事实表明了这种外部压力始终存在。对手的能力与情报机构自身的生存空间之间是共生的关系，外部压力作为一种制约力量会驱使中情局放大对手的能力，以维持自身的生存空间。而冷战期间"人们对事物的评价和判断都很难跳出共产主义和反共主义的二元框架，一方得则另一方必失"③，"反共"成为"国家宗教"，这种意识形态不仅极大地影响了美国大众传媒的过滤能力，更是美国文化冷战期间作为前沿阵地的中情局的生存法则，如果不是为了反对共产主义，美国没有必要维持一个如此庞大的情报机构。机构的外部压力与反共的意识形

① 赵继珂．美国中情局涉华宣传情报档案评介［J］．中共党史研究，2021（3）：153－159.
② 赫尔曼，乔姆斯基．制造共识：大众传媒的政治经济学［M］．邵红松，译．北京：北京大学出版社，2011：1.
③ 同②27.

态是影响中情局对华信息过滤的两个最为重要的因素。

## 知识生产：作为"他者"的共产主义中国

从作为一种过程的角度来理解知识生产的话，中情局对新中国宣传的信息过滤是知识生产的前一阶段，经过信息过滤所形成的知识内容以议题的形式在美国决策层内部传播，是知识生产的后一阶段。知识生产的前一阶段所供给的是看待中国的"框架性"知识，即认识新中国宣传的体制、媒介；后一阶段所供给的是看待中国的"内容性"知识，即对国内和国际事务能力和意图的认知。从知识生产的过程来看，后一阶段是知识生产的结果。

在过载信息和放大能力两个过滤标尺的影响下，"基础知识"里的中国议题呈现出了丰富性与异质性相叠加的特点。前者是过载信息所导致的，而后者体现出了中情局涉华知识生产中的反共意识形态。中情局所处的冷战意识形态背景主要体现为共产主义与反共产主义①的二元框架，且《信息报告》和《外国文件和广播信息》的生产基本与麦卡锡主义盛行的时期相重合，因此中情局不仅不可能跳出共产主义与反共产主义的二元框架，而且是强化这种对立的共谋者。迈克尔·哈尔特（Michael Hardt）与安东尼奥·内格里（Antonio Negri）的殖民主义叙事逻辑指出，这是一种"他者的差异性，先是被推向极端，然后可以被颠倒过来，用作为自我建构的

---

① 赫尔曼，乔姆斯基.制造共识：大众传媒的政治经济学［M］.邵红松，译.北京：北京大学出版社，2011：27.

基础"① 的逻辑，也是西方国家定义中国的叙事逻辑。在麦卡锡主义盛行的年代，"他者"是以共产主义或反共产主义的意识形态分野为基准的。中情局对于作为他者的新中国的叙事，以强化共产主义中国的身份为目的，再以生产共产主义议题的知识内容为路径，"用于区别乃至反衬西方对自我的想象和塑造"②。

## （一）"共产主义政权"的内政议题

### 1. 作为"政治工具"的宣传

1949 年，《外国文件和广播信息》中辑录了《东北日报》、《华侨日报》、香港《文汇报》和香港《大公报》的报道③，介绍了如下情况：东北人民政府、华东军政委员会、西北军政委员会的组织架构和主席、副主席及委员；由中央人民政府委员会任命的包括外交部、水利部、文化部、教育部、科学院、新闻总署、出版总署、卫生部等各部委的主要负责人的姓名与职务；陕西省人民政府、甘肃省人民政府、青海省人民政府、西康省④人民政府等地方人民政府的主席、副主席的姓名与职务；中央人民政府华侨事务委员会的主席、副主席以及委员的姓名与职务。1950 年，《外国文件和广播信

---

① 潘成鑫. 国际政治中的知识、欲望与权力：中国崛起的西方叙事［M］. 张旗，译. 北京：社会科学文献出版社，2016：93.

② 同①26.

③ 文档编号（FOIA）/ESDN（CREST）：CIA-RDP80-00809A000600290556-3、CIA-RDP80-00809A000600280534-8、CIA-RDP80-00809A000600270048-9、CIA-RDP80-00809A000600280387-2

④ 旧省名。在中国西南部，包括今四川省西部及西藏自治区东部地区。1914 年设川边特别区，1928 年改为西康省，先设西康建省委员会，1939 年将原属四川省的雅安、西昌等县划入正式建制。1950 年，西康省人民政府建立。1955 年 7 月 30 日，第一届全国人民代表大会第二次会议决定撤销西康省。

息》辑录了《南方日报》、香港《文汇报》和香港《大公报》的报道，介绍了如下情况：中共中央委员会委员和候补委员的姓名和履历；华东军政委员会下属各部门及行政机关的主任、副主任的姓名与职务；广东省人民政府、武汉市人民政府的组织架构及组成人员。这是中情局第一次通过新中国宣传大众传媒对新中国的政治议题进行关注。基于这些信息，中情局逐步建立起了对新中国政治领域的认知。

1949 年，中情局就将香港《群众》周刊关于中共中央华东局在上海举行的宣传和教育会议有关信息归入了"政治"主题的情报之中。在这份情报中，中情局对时任中共中央华东局宣传部部长舒同做的报告进行了辑录：

> 中共中央华东局宣传部部长舒同的报告是关于教育和文化宣传活动的。报告之后，会议成员分成了四个小组进一步研究宣传和文化、新闻传播和广播、教育机构和出版。……舒同强调，被敌人提倡的文化类型已经被抛弃，同时科学和艺术的进步方面被保留，一个强大的文化宣传计划被广泛传播可以消除所有的反动思想。宣传计划的缺陷也被指出：在宣传活动中，有一些例子显示，强调了城市而忽视了乡村；在文化宣传中，存在持续性不足的问题，有些问题在开始阶段被强调，后续阶段就被忽视了。……结论：舒同指出宣传应该在城市和乡村进行，强调了统一性和纪律性，以改造分裂和无纪律分子。①

---

① 文档编号（FOIA）/ESDN（CREST）：CIA-RDP80-00809A000600260544-9

1950 年后，宣传成为政治议题情报的主要内容，这体现了中情局对新中国政权组织有基本了解之后对新中国宣传的认知，即认为新中国宣传是政治的一部分。中情局对于宣传的层级认知并没有停留于中共中央的层级上，而是形成了一个包括各地方层级的多种类型宣传活动的认知。

中情局依据大区一级党政机构宣传部门的指示来判断新中国各地方的宣传工作重点。《外国文件和广播信息》中就辑录了诸如 1950 年《南方日报》报道的中共中央中南局宣传部对多个大区一级党政机构宣传部门的指示，并对指示进行了内容划分，"其中有关的宣传活动涉及军事活动、中苏关系、1950 年计划、自然灾害、财政、工业生产、土改、人民代表大会、官员干部的培训"①。1951 年，中情局根据《群众日报》发表的一篇社论，分析了当时国内部分报纸不重视报道重要国际和国内政治事务的问题，这篇社论对西北地区六个主要地区的报纸《青海日报》《宁夏日报》《陕西日报》《甘肃日报》《新疆日报》《群众日报》"错误和不重视报道重要国际和国内政治事务"的问题进行了打分。至于各地报纸出现此种问题的原因，中情局引述了"延玉珍"的观点，"因为报纸没有理解像'1951 年 10 月 6 日的斯大林关于原子弹的表态以及 1951 年的中苏友协全国代表大会'这类新闻的重要性和理论价值"②。中情局将彼时新中国大众传媒的发展情况也作为"社会"议题进行讨论，例如通过新华书店出版的《工人广播手册》，对新中国广播的功能有了

---

① 文档编号（FOIA）/ESDN（CREST）：CIA-RDP80-00809A000600300284-3
② 文档编号（FOIA）/ESDN（CREST）：CIA-RDP80-00809A000700050435-2

基本认知,"广播是宣传教育大众的最有力工具,已经变成促进生产的最强力量和工人文化生活的一部分"①。中情局关注新中国报纸和期刊的订阅情况,通过《长江日报》的报道了解到在"三反运动"期间,"采取节约措施"的思想使得报纸和期刊的订阅数量出现了下降,这种下降"被报纸的编辑和读者指责"②。

2. 社会议题

在朝鲜战争爆发初期,中情局开始关注中国国内对于抗美援朝运动的政治教育。《外国文件和广播信息》全文辑录了《人民教育》杂志关于抗美援朝运动政治教育的一篇文章。通过文章所提供的信息,中情局了解到了抗美援朝运动政治教育两个阶段的目标,"第一个阶段的目标是引导学生接受民主党派联合声明,第二个阶段是在学习和行动过程中对这一认知进行巩固和加强。政治教育的最终目标是消除反动思想,使年轻人变成真正的爱国者和崇高的国际主义者"③,在对彼时新中国爱国主义教育的水平和状态的分析上,中情局引述了文章的观点:"作者承认,尽管爱国主义的经济、政治和意识形态基础已经建立起来,但中国的年轻人并没有牢牢抓住新中国成立后的变化,没有达到苏联所建立的爱国主义的高度"④。在中朝双方开始指控联合国军细菌战之前的1950年上半年,中情局就开始通过新中国宣传了解新中国国内的防疫问题。在中情局的认

①　文档编号(FOIA)/ESDN(CREST):CIA-RDP80-00809A000700110312-1
②　文档编号(FOIA)/ESDN(CREST):CIA-RDP80-00809A000700070454-9
③　文档编号(FOIA)/ESDN(CREST):CIA-RDP80-00809A000700050219-2
④　同③.

知中，防疫等公共卫生议题是"社会"议题的一部分，《外国文件和广播信息》通过 1950 年 4—5 月出版的《光明日报》、香港《文汇报》、《旅大人民日报》分析了三个层面的问题，各地如何落实新中国在传染病方面的政策即"卫生部发出的防治霍乱措施的指示"，"北平、上海、天津、广东四地开展夏季抗击鼠疫运动"，以及一些地方性问题，如"大连的一些学校官方不重视卫生，公共卫生条件很差"①。朝鲜战争爆发后，中情局在情报文本中以英文缩写"BW"指称细菌战，继续通过新中国宣传了解中国国内防治传染病和防御细菌战的情况，如 1952 年《外国文件和广播信息》分析了 3 月 20—25 日的《长江日报》，对作为中南地区防疫统一领导机关的中南防疫委员会的建立、承担的任务、开展的工作进行了介绍②。中情局还将中国新民主主义青年团的相关内容定位于"社会"议题。在青年团的作用上，《外国文件和广播信息》根据 1951 年《中国青年》杂志的文章，认为"青年团成员对党员起到协助作用"；在青年团的地位上，通过 1952 年《青年报》的报道，掌握了"中国新民主主义青年团的组织者和领导者是中国共产党"③。中情局将新中国宣传所提供的"在西北少数民族地区发展区域自治"④ 的信息也归入了"社会"议题。根据《群众日报》1952 年 3 月 30 日的报道，分析了在少数民族地区所开展的宣传工作：

---

① 文档编号（FOIA）/ESDN（CREST）：CIA-RDP80-00809A000600320296-8
② 文档编号（FOIA）/ESDN（CREST）：CIA-RDP80-00809A000700070486-4
③ 文档编号（FOIA）/ESDN（CREST）：CIA-RDP80-00809A000700070293-8
④ 文档编号（FOIA）/ESDN（CREST）：CIA-RDP80-00809A000700070050-7

第二章　"误解"新中国的"宣传"

新疆人民出版社翻译出版了《毛泽东选集》、抗美援朝宣传材料和大量的课本；为了协调政治工作，在农村和牧区宣传党和政府的政策指令，出版了半月刊《新疆宣传工作者》；为了解决少数民族地区教材短缺的问题，出版了蒙古语、维吾尔语和哈萨克语的教材。①

由于镇压反革命运动对人力情报的打击，中情局才将开源情报作为新中国情报的主要来源，因此中情局将镇压反革命运动作为军事议题的主要内容。《外国文件和广播信息》根据新中国宣传在1950年10月—1951年3月关于反革命活动的信息，形成了一份关于中国反革命活动的综合调查报告②，这份报告覆盖的区域为中国的东北、华北、华东、中南、西北和西南地区，讨论了镇压反革命运动的方法，刊出了审判反革命分子的法律条文。"1950年10月和11月的中国大陆地区各报刊登了大量关于反革命活动的文章，这些文章似乎在朝鲜战争开始后，特别是在中国共产党指控美国轰炸东北领土后，在全国各地变得普遍起来。"③ 根据这些文章，中情局了解了新中国对于反革命活动成因的判断，即"反革命和颠覆活动被归咎于国民党特务，他们受到'美帝国主义'的训练和支持"④，新中国在应对上"强调安全和宣传运动，警告人民提防国民党特工、谣言和'美国之音'的广播"⑤。

---

① 文档编号（FOIA）/ESDN（CREST）：CIA-RDP80-00809A000700070408-0
② 文档编号（FOIA）/ESDN（CREST）：CIA-RDP80-00809A000600390004-4
③ 同②.
④ 同②.
⑤ 同②.

3. 经济议题

《外国文件和广播信息》中标注为"经济"议题的情报不多，仅寥寥几份，除了这些将新中国宣传大众传媒中工会和农业农村活动的信息归入"经济"议题的情报外，《外国文件和广播信息》中还有一个体量巨大的类别——中文注释参考书目，在中文注释参考书目中，下一层级均为"经济"。中文注释参考书目类情报的信源是新中国成立后各出版社出版的小册子，这类情报通过各种小册子对新中国的经济情况建立了基本认知。在这样的情报分类中，小册子的内容只要涉及工农业生产就会被归入"经济"这一类型中，可以说中情局对新中国宣传"经济"议题的认知是一种泛经济的状态。在这样一种泛经济的认知下，中国的土地问题在新中国成立前就成为关注的重点，通过小册子，中情局关注了"农业生产力和组织形式，通过高地租和高利贷对农民的封建剥削；农村生活中的阶级关系，自由主义解决土地问题的失败和新民主下的土地改革"①，新中国成立后，中情局则开始关注中国"农业重建的问题"②。此外，在中情局的认知中，工会同样属于"经济"议题，关注"工会怎样引导提高生产率，降低浪费和激发劳动热情，怎样为提高生产率开展宣传运动"③；"城乡关系"问题也被作为"经济"议题认知，包括"党的工作重点从农村转向城市、城市中心的经济恢复、城市

---

① 文档编号（FOIA）/ESDN（CREST）：CIA-RDP80-00809A000700110227-6
② 文档编号（FOIA）/ESDN（CREST）：CIA-RDP80-00809A000700210296-6
③ 文档编号（FOIA）/ESDN（CREST）：CIA-RDP80-00809A000700140213-8

中心和工人在工业化中国和无产阶级革命中的领导角色"① 等。

## (二)"苏联集团"成员的外交议题

### 1. 中苏关系的分裂

对于新中国与苏联的关系,中情局早在 1949 年 4 月中旬就做出了"至少在未来的两年,中共会支持苏联的外交政策,并实施反西方的外交"② 的判断。在美国向中苏之间"打楔子"战略的驱使下,中情局长期跟踪中苏关系的分裂迹象,此时中苏两国的宣传就成为其分析依据。1950 年 2 月 14 日,中苏签订《中苏友好同盟互助条约》,对于条约签订两年后的中苏关系,外国文件处和外国广播信息服务局对比了 1951 年和 1952 年《中苏友好同盟互助条约》签订纪念日前后中苏报刊和电台宣传的变化,根据"苏联和中国的宣传都不会直接表达对对方的不满或敌意"③ 的假设,对苏联和中国在 1951 年和 1952 年对条约纪念宣传"主题的出现、删除和重点的转移"④ 进行分析,试图提出中苏关系的"宣传事实"⑤,还试图对"观察到的差异提供可能的初步解释"⑥。

这份报告是中情局用新中国宣传判断中国对苏政策的典型文件,其核心是通过宣传分析,判断出中苏之间可能存在的不和谐领

---

① 文档编号 (FOIA)/ESDN (CREST):CIA-RDP80-00809A000700140206-6
② 张少书. 朋友还是敌人?:1948—1972 年的美国、中国和苏联 [M]. 顾宁,刘凡,李皓,译. 北京:中央编译出版社,2014:18.
③ 文档编号 (FOIA)/ESDN (CREST):CIA-RDP79R01012A001800010011-1
④ 同③.
⑤ 同③.
⑥ 同③.

域。首先，中情局通过宣传分析，察觉到了中苏在援助与合作上可能存在问题。中情局对于中苏两国媒体的报道进行了分析，"1951年，中国的宣传媒体比苏联媒体更强调这个话题，然而在1952年，情况完全逆转了，中国大幅减少了对苏联援助的关注，苏联媒体对其的关注度却明显上升"①，并根据此种变化判断"中国媒体对苏联援助的关注度下降，可能反映了中国对援助的不满。苏联对援助问题越来越多的关注表明它试图安抚中国的不满"②。其次，中情局通过宣传分析，发现中苏两国媒体对西方侵略的关注度也有了巨大变化。"1951年，中国和苏联的媒体都对这个话题给予了很大的关注。一年后，苏联对西方侵略的关注度大幅下降，而中国的关注度仍与1951年相当"③，这种变化"似乎表明苏联的态度和战术发生了变化，而中国出于自身的重大利益不希望与之平行"④。中情局根据1951—1952年中苏两国媒体提及合作的议题数量急剧下降这一变化，判断"这很可能反映了一个事实：如果在苏联援助问题上出现分歧，那么至少在这些问题上的合作可能已经减少"⑤。

通过"1952年中国的报纸和广播更多地谈论中国，较少地谈论苏联，更少地谈论两者的结合。另一方面，1952年的苏联报纸和电台表现得和1951年一样，保持甚至略微增加了相互参考的水

① 文档编号（FOIA）/ESDN（CREST）：CIA-RDP79R01012A001800010011-1
② 同①.
③ 同①.
④ 同①.
⑤ 同①.

平"① 这样的变化，中情局判断出了中苏对各自在共产主义阵营中
所处位置的认识可能存在分歧。对于新中国宣传明显地表现出关注
中国而不是关注中苏关系的倾向，中情局在文本中使用了"个体
化"（individualization）一词进行描述，这种个体化"与共产主义
中国在世界和国际事务中不断扩大的作用相吻合，这可能反映了中
国领导人对中国世界地位的认识"②，中苏在共产主义世界中"可能
正在进行一场斗争，但还没有到铁托式分裂的程度"③。1951 年，
外国广播信息服务局获得了两个版本的信息，一个版本是新华社向
北美发送的英文莫尔斯电码，一个版本是新华社向中国新闻界发送
的中文数字代码。外国广播信息服务局根据"向西方传送的版本
中，提到了'马克思、恩格斯、列宁和斯大林'著作的传播，而在
面向中国听众的版本中则加上了毛泽东和刘少奇著作的传播"④，判
断"中国共产主义精英对其在共产主义意识形态框架中的角色的描
述非常敏感，希望增强中国共产党领导人在中国公众心目中的威
望"⑤。

　　除了寻找中苏之间不和谐迹象的"宣传证据"之外，中情局也
没有忽略彼时中苏两国宣传总体上的一致，"至少它们之间没有普
遍的不和谐"⑥，并由此对中苏关系做出了判断，"两国关系并没有

---

① 文档编号（FOIA）/ESDN（CREST）：CIA-RDP79R01012A001800010011-1
② 同①.
③ 同①.
④ 同①.
⑤ 同①.
⑥ 同①.

恶化"①。

2. 地区秩序的重要变量

在 1952—1956 年，新中国作为新生的红色政权逐渐登上国际舞台，参与到了国际事务当中，新中国宣传彼时被中情局作为判断中苏关系状态以及新中国在印度支那②问题、万隆会议上的立场的依据。

时事情报办公室作为以"为决策者撰写分析摘要和其他简短产品"为主要功能的部门，也在试图找出中苏关系的"宣传证据"。根据北京人民广播电台 1952 年 2 月 14 日关于中苏友谊周的评论"1950 年 2 月签订的中苏条约阻止了美军在中国大陆地区的军事行动"③，时事情报办公室认为"这是北平的宣传第一次明确地把这一成就归功于中苏条约"。对于新中国为何选择此时对中苏条约的作用予以宣传，时事情报办公室认为原因可能是"如果朝鲜会谈破裂或中国共产党入侵东南亚，美国准备对中国大陆地区进行报复"④的媒体报道的刺激。

关于印度支那问题，1953 年 9 月，时事情报办公室的报告《共产党对于印度支那的意图》认为共产党在印度支那有三条主要行动路线，但"继续消耗战，同时出于战术原因提出和平要求，似乎是

---

① 文档编号（FOIA）/ESDN（CREST）：CIA-RDP79R01012A001800010011-1
② 通常指中南半岛的越南、老挝和柬埔寨三国，位于中国和南亚次大陆之间，因与中国和印度皆具有密切的历史和文化关系而得名。
③ 文档编号（FOIA）/ESDN（CREST）：CIA-RDP79T01146AC700200001-3
④ 同③.

其最有可能的选择"①，之所以做出这种判断是因为时事情报办公室对此时苏联和新中国关于印度支那问题的宣传进行了分析，"苏联和中国共产党的宣传已将'谈判运动'扩大到印度支那"②，自 7 月以来苏联对印度支那的宣传主题都是"朝鲜停战协议增强了越南人民的信心，让他们相信有可能通过直接谈判结束战争，解决法越关系的问题"③。新中国涉及印度支那的宣传因循了苏联提出的路线。9 月 2 日，在越南民主共和国成立八周年之际，《人民日报》警告说，"只有运用通过谈判解决国际争端的原则，法国才能找到解决办法"④，并同时表示"亚洲人民期待着越共在民族解放斗争中取得更大的成功和胜利"⑤。

时事情报办公室用同样的方式对新中国在万隆会议上的立场进行了判断，根据《人民日报》和新中国政府新闻发言人的消息，"强调这次会议的反殖民性质，把北平描述为反殖民主义主题的权威声音。并将努力安排朝鲜代表出席会议"⑥，时事情报办公室认为"北平似乎要在定于明年 4 月在印度尼西亚万隆举行的亚非会议上掌握主动权"。

1955 年 7 月 18 日，日内瓦高峰会（Geneva Summit）举行，这次会议在中情局的文件中也被称作"四大国会谈"（Four-power Talks）。在题为《共产党宣传对美国的缓和》的报告中，时事情报

---

① 文档编号（FOIA）/ESDN（CREST）：CIA-RDP91T172R00200330016-8

② 同①.

③ 同①.

④ 同①.

⑤ 同①.

⑥ 文档编号（FOIA）/ESDN（CREST）：CIA-RDP91T01172R000200020001-8

办公室根据新中国"最近的报纸上对艾森豪威尔总统和杜勒斯部长只有含沙射影之语或温和的批评",认为虽然"共产主义中国的大众媒体宣传还在继续质疑美国的意图,攻击美国的远东政策,批评美国和西方的防御联盟,但在峰会期间和峰会结束后,中国官方对美国采取了更为缓和的语气",这与苏联在这一时期对美国的宣传路线是一致的。对于这种一致性,中情局通过"北平的新闻广播没有对此发表评论,仅仅引用了塔斯社的话"① 和"中国共产党的宣传部门仅在 5 月 29 日和 6 月 5 日发表了两篇密切遵循莫斯科宣传路线的文章"② 进行了印证。在中美首次大使级会谈举行后,时事情报办公室通过 8 月 13 日到 24 日期间新华社、《光明日报》、《人民日报》,以及天津《大公报》对诸如中国留学生在美国的待遇、朝鲜停战协定、印度支那的选举问题以及美国向日本运送原子武器的报道中"对美国采取了批评的语气"③,认为"这可能表明他们对美中在日内瓦会谈(大使级会谈)中的进度感到不耐烦"④。

### 3. 反美主义

朝鲜战争爆发之后,外国广播信息服务局密切关注了世界各国关于朝鲜局势的广播评论,尤其是中国是否会出兵朝鲜。"根据中共广播,全中国反对美国侵略,支持毛解放台湾的决定。美国是一个纸老虎,中国人民不惧怕杜鲁门的不合理的和挑衅的行为"⑤。对

① 文档编号(FOIA)/ESDN(CREST):CIA-RDP80-01446R000100170013-5
② 文档编号(FOIA)/ESDN(CREST):CIA-RDP79-00927A000500100002-6
③ 文档编号(FOIA)/ESDN(CREST):CIA-RDP91T01172R000300070011-1
④ 同③.
⑤ 文档编号(FOIA)/ESDN(CREST):CIA-RDP78-04864A000100056-8

于新中国何时和如何解决台湾问题,外国广播信息服务局认为这个问题"没有被清晰地阐明,'很快'一词在毛做出决定前经常出现,但是现在很少出现"①。对于中国对朝鲜的态度,外国广播信息服务局判断"没有任何材料暗示中国会支持朝鲜"②。外国广播信息服务局根据《南方日报》、香港《大公报》关于新中国反美宣传运动的报道所形成的题为《共产党煽动反美情绪》的情报,认为"抗美援朝是中国南方城市正在发展的引人注目的统一运动的口号和主题。它通过愤怒的集会和宣言、在朝鲜的志愿服务、新一轮的刺激生产运动表现出来。在上海,市场上几乎没有美国食品"③,新中国的反美宣传运动中"反美情绪将会集中,全国的学生群体表现出爱国主义以支持这一运动"④。另外,外国广播信息服务局也关注到了新中国对于美国侵略中国历史的宣传,"认为美国对中国的态度一直是一致的——侵略,尽管经常掩盖在条约权力之下,或掩盖在慈善活动之下。美国试图支配和统治中国,甚至与日本密谋。美国认为中国人是劣等民族"⑤。

## 二、情报解密阶段的信息过滤与知识生产

因为中情局作为情报机构的隐蔽属性,其涉华知识生产由两个

---

① 文档编号(FOIA)/ESDN(CREST):CIA-RDP78-04864A000100056-8
② 同①.
③ 文档编号(FOIA)/ESDN(CREST):CIA-RDP80-00809A000600370385-4
④ 文档编号(FOIA)/ESDN(CREST):CIA-RDP80-00809A000600370503-2
⑤ 文档编号(FOIA)/ESDN(CREST):CIA-RDP80-00809A000600370501-4

阶段构成，知识的构成与传播也分两个阶段进行。其中，涉华知识
生产的第二阶段即中情局涉华宣传情报的解密，与前一阶段知识生
产的"即时性"（知识的内容和影响都发生在彼时彼刻）不同，情
报解密阶段所生产的知识是一种"回溯性"的知识，即以今时今刻
的社会现实理解既往的知识内容，建构起共和国历史的他者叙事。
"任何重大问题都必须放在历史（时间）的视野和全球（空间）的
架构中考察"①，在这一阶段，中情局利用对历史资料的解密对新中
国加以定义。

## 信息过滤：中国知识的"隐蔽的国际传播"

中情局情报文本中的内容出现的"部分解密"（declassified in
part）的字样，意味着中情局对于涉华宣传情报的解密是一种以涉
华宣传情报为对象的信息过滤。美国国家安全信息有三个基本的保
密级别：秘密（confidential）、机密（secret）和绝密（top secret），
划定保密级别的标准是文件的未授权披露是否会对国家安全造成危
害/严重危害/极其严重危害的合理预期。《信息报告》与《外国文
件和广播信息》属于"秘密"或"机密"级别的保密内容。根据
《美国解密档案在线》的密级分类说明②，"秘密""机密"是指需要
保护/严格保密的国家安全信息或文件资料，对未经授权的披露预

---

① 李金铨. 传播纵横：历史脉络与全球视野 [M]. 北京：社会科学文献出版社，
2019：1.

② GALE. "美国解密档案在线"保密级别定义 [EB/OL]. （2022 - 01 - 01）[2023 -
01 - 16]. https：//www. gale. com/binaries/content/assets/gale-zh/primary-sources/gps-bro-
chures-in-chinese/usddo _ classification _ cn-202201. pdf.

期为可能对国家安全造成危害或严重危害的信息。

**（一）生产时间与篇目结构：对中情局涉华信息过滤中观层面的观察**

中情局对原本属于"秘密"或"机密"的涉华宣传情报的解密是一个信息筛选的过程。由于中情局并没有为已经解密的涉华宣传情报提供索引目录，因此只能在文本前期资料搜寻期间根据通过中情局《信息自由法》电子阅览室进行关键词检索所能够得到的内容的特征，来掌握中情局情报解密的情况。这种方式难免存在挂一漏万之嫌，但依然是研究处于隐蔽状态下的中情局涉华知识生产的有效路径。

中情局涉华知识生产的第一阶段，关注的是中情局对于新中国宣传进行过滤的结果，所呈现的是新中国宣传在情报文本中的内容特征、形成逻辑与知识结果，是一种微观层面的考察。与这一阶段不同的是，中情局对涉华宣传情报的过滤以从秘密到公开为基本的逻辑理路，必然涉及"公开"与"不公开"这一相互对应的问题。公开，即为经过中情局的信息过滤被解密的涉华宣传情报，与对第一阶段细碎的情报文本的分析不同，这里进行的是一种中观视角的观察，所关注的是"基础知识"议题解密情报的内容框架问题。中观视角下的内容框架由情报的生产时间、所涉及的篇目、解密的时间等内容构成。"不公开"是指《信息报告》与《外国文件和广播信息》两份系列情报中没有被解密的部分，虽然无从判断涉及哪些篇目，但已解密的情报当中"消毒"（sanitized）内容的特征可以成为研究的另一聚焦点。

情报生产时间与所涉篇目构成了分析中情局在涉华知识生产的第二阶段开展信息过滤的基本框架。从情报的生产时间来看，中情局解密的是 1949—1954 年的《信息报告》《外国文件和广播信息》。这些情报主要生产于哈里·杜鲁门总统任期内，这是美国外交政策历经急剧转变的时期，以"遏制共产主义"为核心的杜鲁门主义是国家政治意识形态和对外政策的指导思想，这个时期也是美国国内麦卡锡主义泛滥，反共浪潮兴起的时期。换言之，1949—1954 年的《信息报告》与《外国文件和广播信息》是中情局在"反共"高峰期所生产的关于中国的"基础知识"，是中情局在"反共"高峰期对中国的定义。

经过在中情局《信息自由法》电子阅览室的检索，本书发现《信息报告》一共解密了近 60 份文件，《外国文件和广播信息》一共解密了 100 余份文件。从解密情报所涉篇目来看，前者涉及的是中情局从对内和对外两个视角对新中国宣传的分析，后者涉及对新中国大众传媒中"政治""工农业""宣传工作""政治运动"以及"反美亲苏"五大类内容的摘录。本书所使用的《信息报告》与《外国文件和广播信息》篇目如表 2-1 和表 2-2 所示：

表 2-1　　　　　　　　《信息报告》的篇目

| 对内视角的分析 | 对外视角的分析 |
| --- | --- |
| 《陆定一和中共的新闻出版》 | 《中共政府对海外华人宣传的努力》 |
| 《华南的中共人物》 | 《中央政治局关于"美国宣布在韩国和台湾地区的行动"决定的声明》 |
| 《中国学联在香港地区的活动》 | 《中共宣传路线的传播》 |

续前表

| 对内视角的分析 | 对外视角的分析 |
|---|---|
| 《共产党军队中的宣传》 | 《中共的宣传路线和对朝鲜停战谈判政策的建议》 |
| 《海军当中的中共宣传和组织工作》 | 《北平的中共新华社向香港〈大公报〉传输了提供给编辑的指导》 |
| 《中共的贸易与劳工出版物》 | 《中共在东南亚的出版物发行计划》 |
| 《中共在浙江和甘肃的宣传会议》 | 《中共高层会议的决定》 |
| 《中共的宣传文件》 | 《中国共产党保卫世界和平宣传队》 |
| 《中共出版物发行方法的修订》 | 《中共在韩宣传》 |
| 《新疆的中共体制》 | 《共产党在澳门地区的组织》 |
| 《中共华东局宣传部》 | 《中共干预朝鲜政策的逆转》 |
| 《中共华南分局的组织》 | 《中共关于国际计划的宣传指令》 |
| 《中共的宣传组织》 | 《广东妇女的宣传培训;中国大陆地区报纸禁止出口》 |
| 《共产党中国的文化和宣传机构》 | 《塔斯社和新华社的关系》 |
| 《中共的经济宣传材料》 | 《菲律宾有影响力的华人对于美国反共政策的态度》 |
| 《1952年中共的计划》 | 《中苏共产党在反美宣传活动上的合作》 |
| 《中共指令的传递》(四种途径:公众注意、会议、政治学习和宣传) | 《中国文联对宣传技术的考虑》 |
| 《中共中南局花名册》 | 《在广东关于原子弹轰炸的宣传》 |
| 《中共在伪满洲国的宣传和壮大》 | |
| 《中共的卡通和道德图画叙事》 | |

表 2－2　　　　　　　《外国文件和广播信息》的篇目

| 政治 | 《东北人民政府委员会的成员》《共产党政府次级官员姓名》《西北军政委员会和陕西省人民政府主席、副主席、委员姓名与职务》《甘肃省人民政府和青海省人民政府主席、副主席、委员姓名与职务》《西康省人民政府主席、副主席、委员》《宁夏省①人民政府主席、副主席姓名与职务》《中央人民政府国家华侨事务委员会成员》《华东军政委员会》《香港地区重要的共产党人物》《共产党政权在东北和华北建立，粉碎反革命活动》《华东军政委员会的次级官员》《武汉人民政府的部门以及广东省政府的成员》《中共中央政治局的组织》《察哈尔和吉林任命政府官员》《中国中央人民政府委员会批准任命官员》《东北年轻干部成员加入中共，政府推动民族团结》《1951 年，在西北少数民族地区发展区域自治》《中共准备基层选举》《中国共产党是中国新民主主义青年团的组织者和领导者》《中共培训政治和劳动干部》《中共中南局关于干部培训的决定》《中共中央委员会的部门和成员》 |
|---|---|
| 工农业 | 《新中国的经济》《三种经济体系对比》《新劳动态度》《生产：致富路》《东北培训工人干部，工会继续扩大计划》《工人生产手册》《工业商业手册》《新经济专题研讨会》《工人保险手册》《工人的生活》《讨论劳动保险法律》《上海炼铁工人如何增加生产》《工人广播手册》《运输工人为朝鲜的战斗志愿工作，更多的女性为共和国工作》《互助》《中华全国总工会有 400 万会员，还有 50 万人失业》《工人广播手册》《劳动模范讲座》《施玉海和他的挖煤队》《劳动互助的类型和经验（大生产运动，系列2）》《农业生产十大政策》《农业税收政策文件集》《我国的第一个集体农业》《传递村的农业生产合作》《中国乡村进行土改》《长江以南农民的解放》《青年组织在乡村的计划和任务》《讨论城乡关系》《大连工会如何领导生产运动》《工会工作问答》《上海电力公司日常巡检和修复发电装置的经验》 |

　　① 1929 年设宁夏省。1954 年，宁夏省撤销建制。1958 年，宁夏回族自治区第一届人民代表大会第一次会议在银川市召开，宣告宁夏回族自治区正式成立。

续前表

| | |
|---|---|
| 宣传工作 | 《宣传队招募成员》《华东宣布宣传计划》《资本主义》《生产中的宣传和鼓动》《号召加强宣传活动的指示》《生产中的宣传和鼓动工作》《工厂的宣传和鼓动工作》《保护国家和人民的财产》《在工厂怎样加强宣传网》《中国共产党新闻业的发展》《宣传网》《青年团和中共在农村的宣传工作》《根据两位中国作者,宣传网和素材的脆弱性》《南京组织城市宣传队》《中共刊物的订阅量下降》《华北党的宣传工作者达到 100 万人》《青年团怎样开展宣传工作》《加强在内蒙古农村地区的宣传工作》《毛泽东选集翻译为少数民族文字并出版》《防止霍乱措施的指示,大连学校的公共卫生很差》《中南地区流行病控制》《BW 防御和军队健康》 |
| 政治运动 | 《坚决反击资产阶级的罪恶攻击》《增加生产,节约,反贪污、反浪费、反官僚主义》《团员支持和加入三反运动(反贪污、反浪费、反官僚主义)》《清晰认识资产阶级的本质》《搜山抓老虎》《资产阶级如何罪恶地攻击大众》《加强增产节约运动》《中国的反革命活动》《上海工人的反特斗争》《保护国家财产是每一个人的责任》《中国加强政治教育运动》《税务局局长、党员"李"的批评与自我批评》 |
| 反美亲苏 | 《共产党煽动反美情绪》《中央侨务委员会呼吁南洋的中文学校复印中国学校的出版物和发行物》《苏联专家援助新中国》《中共的报纸和期刊中"拒绝与西方妥协"》《根据中共的宣传:胜利是和平的先决条件》《中苏在东南亚的宣传》《美国侵略中国方法的讨论》《两个阵营的对比》《中国纪念战争宣传将美国和日本侵略画等号》《指控美国使用联合国作为侵略的工具,反美运动》《跟朝鲜局势有关的广播评论》《在中国,和平运动的支持者称千万人签名》 |

## (二)"消毒"与"公开披露情报":对涉华内容的选择

中情局对涉华宣传情报的解密即信息过滤,涉及的是对有关中国的内容选择"公开"与"不公开"。虽然从资料的可得性来看，无法获知中情局未公开哪些篇目的情报，但可以通过中情局对每篇解密情报的"消毒"来窥得中情局涉华知识生产中对不公开内容的选择。"消毒"是从文档或其他消息中删除敏感信息（有时是加密）的过程，简单来说就是以覆盖、涂抹的方式将每篇解密情报中不适合公开的内容隐蔽起来，最终呈现的是部分解密的内容。《信息报告》中"被消毒"的部分一般会涉及：信息的获取地点（place acquired）、获取时间（date acquired）、来源（source）、报告编号（report NO.）、对信息发表评论（comment）的工作人员的姓名，正文中个别词或句子也会被"消毒"。《外国文件和广播信息》中"被消毒"的部分较少，普遍被遮掩的仅涉及报告的编号和每篇情报正文中涉及的中情局具体的机构、人名。这种差异跟两份系列情报的内容有关，前者是中情局对新中国宣传体制、运行的分析，体现的是中情局对新中国宣传进行宣传分析的方法路径、思维模式等，这是中情局认为较为敏感的部分；后者是中情局对新中国宣传内容的摘录，进行信息摘录和分析的单位和个人被认为不适宜公开。

中情局涉华宣传情报的解密是以《信息自由法》等为法理基础，由中情局历史审查小组具体执行的。从情报的解密时间来看，中情局在1999—2008年解密了7篇《外国文件和广播信息》，2011—2012年是《外国文件和广播信息》被解密的高峰期；《信息报告》的解密时间则贯穿了1999—2013年的15年。对于涉华宣传情报涉华内容的公开，一方面是一种信息公开行为，是中情局基于

《信息自由法》的法理要求，依据"披露不会对国家安全造成危害或严重危害"的原则所开展的；另一方面是公开披露情报作为博弈工具的属性体现，公开披露情报是一种主动设置议程并试图塑造国内和国际舆论的行为，连续地披露系列情报有助于形成对象国在某个领域的"他者"叙事。从国际传播角度来看，针对中国的公开披露情报是指中情局将其生产的关于中国的"知识"有所选择地释放至国际传播场域，其本质上依然是形成对中国的定义。这种定义隐蔽在情报机构所谓"客观"分析的外衣之下，因为解密情报回溯性的时空特点，是针对中国在过去时段或某一问题的"定义"。从《信息报告》和《外国文件和广播信息》中解密的篇目和情报生产时间来看，中情局试图通过公开披露情报定义新中国成立初期的历史。

## 知识生产：对共和国史的"他者"定义

中情局将半个多世纪前所生产的关于中国的知识有选择性地释放至国际传播场域，这种回溯性的知识构成了对特定历史时点的定义。中情局解密的《信息报告》与《外国文件和广播信息》作为知识内容经由《信息自由法》电子阅览室接口进入到国际传播场域中流通，是一种对于共和国史的"他者"叙事。这种"他者"叙事基于共产主义与反共产主义的二元框架，试图用回溯性的知识对新中国的身份/形象进行"定义"，例如将新中国的成立定义为红色政权的建立，即所谓的"建政"而非"新中国成立"。这一方面是美国否定新中国民族国家叙事历史惯性的延续，另一方面将新中国的对外交往形象定义成"反美且输出意识形态"的红色政权。

## （一）定义身份：红色中国"建政"而非"新中国成立"

新中国成立，是 1949—1954 年涉华宣传情报所处时空的现实因素；美国奉行"遏制共产主义"，拒绝承认中华人民共和国，是作为美国国家机器的中情局彼时所遵循的政治原则。从用词来看，中情局情报文本中关于新中国的称谓始终是"共产党中国"（Communist China）、"共产党政权"（the Communist regime）而不是中华人民共和国（the People's Republic of China）或者中国（China），始终称新中国的首都北京为"北平"，使用带有偏见的 Chicom 一词指称中国共产党人，这种情况直到 1972 年尼克松访华后才有所改变。

在话语实践上不将新中国作为民族国家和国际法意义上的"国家"，是一种知识生产的"去民族国家"叙事策略，目的是对新中国进行身份定义。中情局试图将新中国的成立定义为"建政"即建立红色政权，而刻意回避与淡化中华人民共和国作为具备充分国际法基础的国家的身份。《信息报告》与《外国文件和广播信息》的解密是对上述定义的反复，是中情局在国际传播场域中对共和国史的一种"他者"定义，是对新中国民族国家身份的否定。在《信息报告》已经解密的篇目中，有 31 篇的标题中包含"中共"一词；在《外国文件和广播信息》中，标题中包含"中共"一词的情报占政治类情报的一半。解密的《信息报告》与《外国文件和广播信息》的作用之一就是不断地强化"中共"一词，正如加迪斯（John Gaddis）在《长和平：冷战史考察》中所说的"历史不可避免地会涉及透过更近事态的棱镜去看更远的过去"①，情报解密所生产的知

---

① 加迪斯. 长和平：冷战史考察［M］. 潘亚玲，译. 上海：上海人民出版社，2011：45.

识也是对美国遏制共产主义历史惯性的延续。

## （二）定义形象：红色中国"反美且输出意识形态"

"任何一种知识和文化体系背后都会蕴涵一些基本预设（pre-suppositions）"[①]，中情局的涉华知识生产沿用的是一个被其强化了的共产主义与反共产主义的二元框架，生产的中国知识是基于两重基本预设的——共产主义政权不具备"民族国家的基本叙事"和共产主义意识形态的外溢会产生所谓的"多米诺骨牌"效应，在此预设之下对中国的知识生产是我们追溯美国等西方国家"妖魔化"新中国进程的起点，也是美国定义新中国时的核心价值观念。这些预设直到 1972 年尼克松访华之后才有所改变。

作为回溯性的知识，中情局解密情报对于共和国史的另一层"他者"定义涉及的是新中国成立初期的外交领域，中情局将其定义为"反美且输出意识形态"。"可以肯定的是，华盛顿官员对由莫斯科控制、旨在颠覆全世界资本主义的国际共产主义运动的恐惧，自布尔什维克革命后就令人不安地存在于他们的脑海中"[②]，对共产主义意识形态"溢出效应"的恐惧深刻影响了彼时中情局对新中国外交领域行为的分析，这些分析内容作为定义共和国史的知识被释放至国际传播场域。在已经解密的《信息报告》与《外国文件和广播信息》中，涉及新中国外交的部分集中在了"中共向东南亚国家

---

① 李金铨. 传播纵横：历史脉络与全球视野［M］. 北京：社会科学文献出版社，2019：17.

② 加迪斯. 长和平：冷战史考察［M］. 潘亚玲，译. 上海：上海人民出版社，2011：199.

与海外华人的宣传"和所谓的"反美运动"这两个方面。"反美且输出意识形态"是中情局通过涉华知识生产的第二阶段情报解密为新中国塑造的形象。

# 三、案例:《对中共广播特征的分析》

在解密的中情局涉华宣传情报中,《信息报告》与《外国文件和广播信息》有近200份。按照中情局的解密流程,这些情报文本中的绝大多数都被"消毒"过了,文本中的敏感信息被隐蔽,使得我们无法获得完整的情报文本结构,也对中情局的"消毒"即在篇章内进行信息过滤的规律心存疑问。但有趣的是,《外国文件和广播信息》中一篇涉及新中国广播的密级为"秘密"的情报,分别于2007年7月25日和2008年3月3日两次被解密,比对两次信息过滤的结果可以发现,"消毒"的基本目的是对"他者"叙事的强化和对中情局本体的弱化。同时,这是一篇充斥着"溢美之词"的情报,是中情局试图通过知识生产"将新中国塑造为博弈能力强大的异质性国家"的典型。

## "消毒"的策略:强化"他者"弱化本体

在2007年7月25日解密的情报①除了对报告编号进行了隐蔽外,其余内容全部公开,是一份内容和结构相对完整的情报文本,

---

① 文档编号(FOIA)/ESDN(CREST):CIA-RDP78-0486A000100100046-8

情报的主题为《夏威夷此前监听到的一些亚洲广播电台的特征》(Some Station Characteristics of Asian Radios Formerly Monitored at Hawaii),密级为"秘密"。也许是中情局历史审查小组意识到了自己的"过滤失误",所以在 2008 年 3 月 3 日再次对这份情报进行了解密,在这份文档编号为 CIA-RDP80-00809A000500730174-5 的情报中,大量的信息被隐蔽,情报的标题被呈现为《□□□□□一些亚洲广播电台的特征》(Some Station Characteristics of Asian Radios□□□□□)。但 2007 年 7 月 25 日版本的解密情报在《信息自由法》电子阅览室中并没有被剔除,所造成的结果就是我们可以通过对两次信息过滤结果的比对来把握"消毒"的要素。为了统一起见,本文在引用这篇情报的内容时,统一使用 2007 年 7 月 25 日版本的文档编号,并简称其为《对中共广播特征的分析》。内容结构完整的《外国文件和广播信息》一般由索引、来源、正文、规定性信息四部分组成。索引一般包含目标国家、篇目主题,信源的发布方式、发布地点、发布日期、语种,以及报告编号、在 CD 中的存储编号、情报生产的日期(信息日期)、情报分发日期、页数等;来源一般包含对情报生产机构和生产过程的简要说明;正文一般包含陈述性内容和评论性内容;规定性信息是对本篇情报所关涉联邦法律的说明等(见附录 2:一篇完整的《外国文件和广播信息》)。

通过比对(见附录 3:同一篇情报,不同"消毒"结果),报告编号、所采用信源的出版日期(date published)、语种(language)、对本篇情报来源机构与生产过程的简介(source)、情报主题及正文中中情局机构和工作人员的信息是中情局认为需要隐蔽的信息。在《对中共广播特征的分析》中，对本篇情报来源机构与生产过程的简介包括这篇情报分析来自外国广播信息处（外国广播信息服务局的对内称呼），是"外国广播信息服务局夏威夷分局的工作人员在监测工作结束前准备的关于该局监测的播出技术和广播特点的调研报告"①；情报主题及正文中的中情局机构和工作人员的信息指的是"夏威夷分局"（The Hawaii Bureau），所有涉及"夏威夷分局"字样的部分均被"消毒"。这一方面说明中情局对出版日期、文件来源保持着高度敏感，另一方面被"消毒"的内容都关乎中情局自身的机构安排、索引规则等，这是一种弱化中情局本体，从而强化"他者"叙事的策略——中共广播日益强大，并最终会成为美国国际传播的强劲对手，会成为另一个"莫斯科电台"。

## 日益强大的广播媒介：对中共广播的形象塑造

在《外国文件和广播信息》中，基本未见以新中国广播为信源的情报，其中的原因一方面为《外国文件和广播信息》分析团队在信源选择上的偏好，另一方面为中情局认为新中国广播的素材来自"为所有广播电台提供新闻的中国共产党官方通讯社新华社，以及唯一被允许在共产党中国工作的外国通讯社苏联塔斯社，这是众所周知的"②，这些素材被认为均可以从党报中获得，但这并不能说明中情局轻视新中国的广播媒介。《对中共广播特征的分析》是一篇充斥着溢美之词的情报，这固然与新中国广播在人员、设备、管理

---

① 文档编号（FOIA）/ESDN（CREST）：CIA-RDP78-0486A000100100046-8
② 同①.

上的水平提升有关，但从冷战史来看，"美国在随后的冷战中不止一次地对想象中的苏联和/或'共产主义'扩展威胁反应过度"①，这种过度反应的诱因之一是中情局在冷战时期对共产主义宣传的情报分析与评估偏向于"能力放大"，是共产主义和反共主义二元框架下的中情局受到外部压力与反共的意识形态双重过滤器影响的结果。在东西方意识形态对抗的高峰期，无线电广播是国际传播的主要媒介，中情局《对中共广播特征的分析》将新中国广播的形象塑造为一个日益强大的广播媒介。

中情局对新中国广播的分析框架是由总体情况（背景）、广播素材的来源、方言和语言的使用、播音员水平、新闻写作、技术质量和领导人画像七个方面组成的。

在总体情况上，中情局对新中国广播事业中心从延安到北京的迁移以及新中国成立之后其发展情况进行了密切追踪。中情局认为，"在二战结束前，中共以延安作为发射点，开始了其反对国民党政府的宣传，中共的广播在陕北各地转移期间并没有中断发射"②。中情局也掌握了新中国广播事业的初始情况，即"在解放北平之后，北平电台作为共产党广播宣传的中心得以建立，与诸如哈尔滨、西安、汉口、上海、南京等大城市的广播电台形成松散的网络联合，这些广播电台使用北平电台的材料，同时推出本地新闻"③。对于新中国广播的技术质量，中情局对比了陕北广播时期的

---

① 加迪斯.长和平：冷战史考察［M］.潘亚玲，译.上海：上海人民出版社，2011：45.
② 文档编号（FOIA）/ESDN（CREST）：CIA-RDP78-0486A000100100046-8
③ 同②.

技术情况，认为"依靠着从国民党手中缴获的设备，可以证明北平电台的设备已经远远好于陕北广播电台"①。

中情局认为新中国广播素材来自新华社（部分来自塔斯社），这种观点也是其不将新中国广播作为信源的主要原因。

在方言和语言的使用上，中情局将共产党广播与国民党广播进行了对比，前者"使用简单和明晰的语言，同时避免文学化的语言，尽可能地使用能让普通中国农民和工人理解的方式"②，而后者经常在广播中出现文学化的语言，中情局认为"这是不能吸引大众注意的"③。对方言和语言使用的分析还涉及了对长短句的运用：

> 尽管共产党的广播使用长句，但它被一些简单的词句分割成易于理解的组成部分。只有中共重要官员直接做的广播不易被听众理解。但是之后，这些广播的素材会被能干的广播播音员以一种简单的方式重写和重播。④

中情局对新中国广播播音员有着较高的评价：

> 播音员呈现出良好的训练和教育水平。尽管他们的素材实质上被党的路线指导，以一种直接、非感情的方式播出。一般来说，共产党广播播音员似乎依靠对每个词语、短语、句子的清晰发音迎合听众的情感需求和文学品位。在共产党中国，女性播音员似乎比男性播音员更受欢迎。对于许多中国听众（可

---

① 文档编号（FOIA）/ESDN（CREST）：CIA-RDP78-0486A000100100046-8
② 同①.
③ 同①.
④ 同①.

能是全部）而言，女性播音员有清脆的音色、清晰和简洁的表达，使得广播更有效率。①

针对新闻写作，中情局进行了连续的跟踪分析，"夏威夷分局所有的观察表明，尽管最后的文本可能需要经过审查，但广播部分的文本应来自一个专门的写作人员"②，并且注意到新中国广播的新闻写作水平有了"连续提高"，这种提高中更加引人注目的是"为了普通听众去选择更简单的词语和句子结构"③。

在中情局对新中国广播的分析框架中，对领导人形象的描绘也是重要的一项。在分析中，中情局对比了共产党广播和国民党广播，对前者依然有着较高评价，"共产党将毛泽东、朱德和其他领导人刻画成群众感兴趣的普通人，共产党领导人的形象是群众的一员"④，然而国民党"将蒋介石刻画为神一样的人物"⑤，国民党"脱离了群众"⑥。

# 本章小结

"知识资源是一种权力资源"⑦，美国在国际传播领域对中国的

---

① 文档编号（FOIA）/ESDN（CREST）：CIA-RDP78-0486A000100100046-8
② 同①.
③ 同①.
④ 同①.
⑤ 同①.
⑥ 同①.
⑦ 陈卫星. 传播的观念 [M]. 北京：人民出版社，2004：267.

定义权就来自其生产的知识内容，因此解构中情局生产的涉及新中国的内容，厘清其背后对新中国的定义成为必要。国际传播是过滤性的传播，中情局在涉华知识生产的两个阶段即情报生产和情报解密中对新中国宣传和涉华宣传情报的过滤成为其知识生产的路径。因此，应在中情局生产的中国知识议题宏观框架的基础上，从微观视角到中观视角对作为"基础认知"议题的知识在涉华知识生产中的信息过滤进行分析。

情报生产阶段的信息过滤是一种微观视角的分析。"被国际传播"的新中国宣传以国家机器与大众传媒两种身份被中情局认知，作为国家机器的新中国宣传（"党的宣传部""宣传网""宣传战"），与作为大众传媒的新中国宣传（管理体制、媒介类型、国际传播），被中情局提取进了美国决策层。这个阶段的信息过滤呈现出"过载信息"即对新中国宣传信息的非规律性提取，以及以塑造博弈能力强大的异质性国家为目的的"放大能力"两个特征，这也是该时期中情局信息过滤的标尺。作为信息过滤的结果，"他者"视角下的"共产主义中国"是这一阶段的知识定义，这种定义由包含"政权的宣传工具""中国社会""集体主义""共产主义政权"的内政议题，与包含"中苏关系的分裂""地区秩序的重要变量""反美主义"的"苏联集团"成员的外交议题构成。

情报解密阶段的信息过滤是一种中观视角的分析。作为回溯性知识的涉华宣传情报被中情局进行信息过滤后释放到国际传播场域，这是对中国知识的选择性公开。这种选择性的内涵可以通过已解密情报的生产时间与篇章结构进行考察，1949—1954 年的解密情报时间段说明中情局解密的是"反共"高峰期所生产的关于中国的"基础知识",篇章结构是对新中国大众传媒中"政治""工农业""宣传工作""政治运动"以及"反美亲苏"五大类内容的摘录,并且由对内和对外两个角度对新中国宣传展开的分析构成。在筛选上,涉及"不公开"与"公开"这一相对应的问题,通过对篇章内不公开即被"消毒"内容的分析,能够发现中情局对新中国宣传进行宣传分析的方法路径、思维模式等问题是被"消毒"的重点;关于公开,从《信息报告》和《外国文件和广播信息》中解密的部分和情报生产时间来看,中情局试图通过公开披露情报定义新中国成立初期的历史。这一阶段中情局通过信息过滤生产知识的主要目的是对共和国史进行"他者"定义,一方面在定义身份,将新中国成立定义为"建政"而非"建国";另一方面将"中共政权"定义为"反美与输出意识形态"的红色政权。

通过对《对中共广播特征的分析》两次解密的特殊性的分析,在完整掌握情报文本内容与结构的情况下比对两个版本的解密情报,使厘清中情局的"消毒"策略成为可能。中情局试图对情报文本中关涉自身的内容进行弱化,以突出目标国家,是一种弱化本体强化"他者"的信息过滤策略。《对中共广播特征的分析》是中情局对新中国开展宣传分析工作时"放大能力"倾向的体现,中情局将"中共广播"定义为一个日益强大的广播媒介。

# 第三章｜"拆解"新中国大众传媒

作为"中苏关系"知识的《硬目标分析》
(1956—1972)

对美国构成潜在威胁且受到严密保护的个体被美国国防部称为"硬目标"，同时也是中情局的重点攻略对象。中情局深谙"工欲善其事，必先利其器"之理，针对中国的"硬目标"建立了"特定问题的综合知识库"，以图占据先机。

"国际传播有时并不针对一国全体国民，而是针对某些特殊群体，如决策者、学生、特殊政治团体或特殊语言使用者。"[①] 在建立起对新中国的基础认知，形成了对"共产党中国"的基本定义后，中情局的涉华知识生产便开始聚焦于美国决策层制定对华政策的考量，对于新中国宣传的信息过滤也聚焦到了新中国大众传媒上。影响美国对华政策的各种因素的权重是不同的，其中"对革命的中国和苏联之间关系的思考是一个至关重要甚至决定性的因素"[②]，因此这一时期的涉华知识生产都是围绕着中苏关系、社会主义阵营等核心议题进行的，所涉及的是苏联影响下的新中国内政和外交议题（简称"中苏关系"）。本章所讨论的就是"中苏关系"这一知识议题框架下的"隐蔽的国际传播"问题。

本章所依据的经验材料是系列情报《硬目标分析》。《硬目标分析》是中情局从 20 世纪 50 年代到 70 年代中期对中苏内部政治和中苏关系深入研究的成果，其定位"并不是旨在向决策者提供成品情报产品，而是深入探讨共产主义世界的政治，就特定的政治问题建立一个全面的知识库"[③]，这种定位强化了情报的知识属性。《硬目标分析》系列情报由 CAESAR、ESAU 和 POLO 三个研究项目构成。1952 年，主要研究"所有关于苏联领导层成员和影响事件

---

① 福特纳. 国际传播："地球都市"的历史、冲突与控制 [M]. 刘利群，译. 北京：华夏出版社，2000：98.

② 张少书. 朋友还是敌人?：1948—1972 年的美国、中国和苏联 [M]. 顾宁，刘凡，李皓，译. 北京：中央编译出版社，2014：16.

③ CIA. The CAESAR, POLO and ESAU papers: Cold War Era hard target analysis of Soviet and Chinese policy and decision making, 1953 - 1973 [M]. Washington: Government Printing Office, 2013: 1 - 36.

的可用信息"① 的 CAESAR 项目被设立；1956 年 9 月，中苏研究小组成立，在继续开展 CAESAR 项目的同时，启动了主要研究"共产党中国政治"② 的 POLO 项目和研究中苏关系的 ESAU 项目。《硬目标分析》的情报主题，决定了这份系列情报是中情局运用新中国宣传进行情报评估的典型。

美国国防部将硬目标定义为"对美国怀有敌意，但同时受到严密保护的个人、国家、团体或技术体系，对美国或其利益构成潜在威胁，这些个人、国家、团体或技术体系具有良好的反间谍能力，使得特工渗透面临极大困难"③。作为"间谍活动即人力情报活动难以接触到的目标"④，对硬目标进行分析的唯一信源便是以大众传媒为主的公开信息即开源情报。

《硬目标分析》对于公开信息的严重依赖，决定了中苏关系知识的生产与新中国大众传媒高度关联，其关联的过程即中情局对新中国大众传媒的信息过滤，关联结果为产生有"定义"效用的知识生产。从情报文本的类型来看，《硬目标分析》是篇幅较大的"情报评估"，其将新中国大众传媒作为评估新中国能力与意图的依据，这与前述的简报类情报中新中国宣传所起的作用有所区别。在"中

---

① CIA. The CAESAR, POLO and ESAU papers：Cold War Era hard target analysis of Soviet and Chinese policy and decision making, 1953 - 1973 ［M］. Washington：Government Printing Office, 2013：1 - 36.

② 同①.

③ Terms & definitions of interest for counterintelligence professionals ［EB/OL］. (2014 - 06 - 09) ［2024 - 07 - 06］. https：//irp. fas. org/eprint/ci-glossary. pdf.

④ 洛文塔尔，克拉克. 情报搜集的五大科目 ［M］. 孟林，译. 北京：金城出版社，2021：14.

苏关系"议题的情报生产阶段，新中国大众传媒"被国际传播"的内容及中情局的筛选逻辑是怎样的？经过信息过滤的知识生产如何定义新中国大众传媒？在第二阶段即情报解密阶段，《硬目标分析》中解密的篇章以何种知识议题结构对"中苏关系史"进行了"他者"定义？以上均是本章要讨论的核心问题。

# 一、《硬目标分析》的生产与新中国大众传媒的"隐蔽的国际传播"

作为对硬目标的情报评估，《硬目标分析》的生产是中情局情报分局运用可获得的公开信息开展情报分析的结果，其中的主要手段是宣传分析，《硬目标分析》的情报文本承载的是被中情局过滤后的新中国大众传媒，呈现的是信息提取的结果，是中情局作为传播者对作为信源的新中国大众传媒进行的把关，本质上是一种传播控制。中情局对新中国大众传媒信息所进行的过滤的逻辑，会投射在《硬目标分析》的情报文本中，最终形成对新中国大众传媒的定义。本节从信息过滤的内容、逻辑和效果三个层面，探讨"中苏关系"议题生产中新中国大众传媒的"隐蔽的国际传播"。

**信源的结构与逻辑：中情局对新中国大众传媒的过滤**

**（一）过滤的结果：新中国大众传媒在《硬目标分析》中的分布**

从《硬目标分析》的知识议题来看，中情局的知识生产从"基础认知"转向"中苏关系"议题，这一时期对中苏关系背景下硬目标的评估聚焦于作为信源的新中国大众传媒，而不是被泛化的新中国宣传。

与"基础认知"知识生产对"过载信息"的信息过滤不同，中情局对新中国大众传媒的信息过滤具备明显的规律性，这体现在中情局对于新中国大众传媒的选择和使用，如果说《硬目标分析》系列情报代表的是中情局将新中国宣传进一步聚焦到了大众传媒范畴的话，其中各篇情报的文本内容就代表着中情局将新中国大众传媒进一步聚焦到了《人民日报》上。

联合国教科文组织 1976 年出版的《文献术语》将"信源"定义为"个人为满足其信息需要而获得信息的来源"，而新中国大众传媒即是《硬目标分析》的信源，其中信源的结构是中情局信息视野的体现。根据信息视野理论，经过"信源偏好标准"（information source preference criteria）的过滤，形成了"最重要信源、次重要信源和边缘信源"[①] 三个层次的信源。这一知识生产阶段的信息过滤特征就是形成了单一化的信源结构，即最重要信源《人民日报》、次重要信源包括《红旗》《学习》杂志等在内的其他中央报刊，以及边缘信源（《硬目标分析》将广播电台和地方党报基本排除在外）。

1. 最重要信源：被强化认知与被撕裂内容的《人民日报》

中情局的分析师可能是《人民日报》最为"忠实"的外国读者

---

① SAVOLAINEN R. Information source horizons and source preferences of environ-mental activists: a social phenomenological approach [J]. Journal of the American Society for Information Science and Technology, 2007, 58 (12): 1709 - 1719.

了，在"中苏关系"议题的知识生产中，多篇评估报告全程都在使用《人民日报》作为论证依据，并且采取了"提出观点—引述大众传媒—复述观点"的论证方式和写作结构：例如，中情局的分析师认为新中国在人民公社化运动中的"目标是推广一种新的合理的低工资政策，旨在缩小城乡生活水平之间的巨大差距，并加强工农联盟"①，在提出观点之后，中情局便引述了《人民日报》的社论作为做出这种判断的依据，"在过去的工资政策中……我们过分强调了物质激励，而不适当地放松了对工人和职工的思想政治工作……政策制定必须根据我国的实际情况，我国是一个人口众多的国家，人民基本上很穷，生产水平还很低"②，基于引述的《人民日报》的社论，中情局的分析师再次对判断进行验证，"社会主义神圣不可侵犯的按劳分配原则必须让位于保障全体人民温饱的首要考虑——从这一立场到即将在党报上发表的观点，不过一步之遥"③。

　　从情报分析的角度，硬目标是一种主要通过作为公开信息的大众传媒报道实现的分析目标，通过其他方式很难接近，所以《硬目标分析》系列情报都以新中国大众传媒作为判断依据，以上述的"提出观点—引述大众传媒—复述观点"作为行文结构。按照中情局情报的写作规则，在引述大众传媒时，必须以机构名称加下划线的方式标出信源，如"《<u>人民日报</u>》"。在中情局对大众传媒的引述中，《人民日报》几乎是最受分析师们青睐的依据，在情报文本中

①　中情局解密情报：《"人民公社"计划的起源》
②　同①.
③　同①.

以极高的频次出现。从观感上看，这些情报与其说是对重要问题的研究，不如说是对《人民日报》的研究。以"三部曲"情报《中印边界纠纷（1950—1959，1959—1961，1961—1962）》为例，从《中印边界纠纷（1950—1959）》第3页引述《人民日报》1959年5月6日对印度新闻界的评价"印度新闻界并不是一个真正的独立机构，而是被尼赫鲁用于国家目的，并被其支配的一个大型宣传机器（《人民日报》）"① 开始，到引述1963年10月13日《人民日报》的"表明了中国对印度人采取限制决定"的文章中的"如果印度政府在美帝国主义和现代修正主义者的煽动下，盲目相信武力，故意重新挑起边界冲突，中国政府会首先将这一情况通知科伦坡会议各国，请它们出面制止，今天的情况与一年前大不相同"② 结束，正文中一共引述了31条《人民日报》报道的消息和发表的社论中的内容。在《中印边界纠纷》中，1950—1962年的时间跨度涵盖了评估工作的全程，以《人民日报》为主的新中国大众传媒是唯一明确了来源的依据（如表3-1所示），新中国大众传媒成为情报评估中最具有说服力的事实性依据。

表3-1　　　《中印边界纠纷》中对《人民日报》的引述

| 序号 | 引述的内容 |
|---|---|
| 1 | 1959年5月6日《人民日报》"印度新闻界并不是一个真正的独立机构，而是被尼赫鲁用于国家目的，并被其支配的一个大型宣传机器"。 |

---

① 中情局解密情报：《中印边界纠纷（1950—1959）》
② 中情局解密情报：《中印边界纠纷（1961—1962）》

续前表

| 序号 | 引述的内容 |
|---|---|
| 2 | 针对 1951 年之后一些印度军队进入边境地区并在麦克马洪线上建立了几个分散的检查站的行为,对此,北平的说法(1962 年 10 月 27 日《人民日报》)是,因为"他们希望保持平稳的中印关系,因为印度参与行动的人员数量在军事上微不足道"。这一行动被默许,因为"新中国没有时间处理中印边界问题"。 |
| 3 | 张国华提出了不同的论点(1962 年 10 月 25 日《人民日报》),声称"印军利用我们和平解放西藏的机会"占领边境区;他没有提到朝鲜的敌对行动,而是强调了"印度军队的侵略行为"。 |
| 4 | 尼赫鲁对中国在拉达克地区①的进展并不警惕。他对这条始于 1956 年 3 月、途经印度宣称拥有主权的阿克赛钦地区②的公路的建设并不特别警惕。1957 年 9 月 2 日,北平宣布这条公路将于 10 月竣工,《人民日报》也在同一天刊登了一份地图草图,显示这条公路实际上是沿着拉达克地区东北角的一条线走的,这条公路"显然经过克什米尔的阿克赛钦地区"。 |
| 5 | 1959 年 3 月 31 日《人民日报》"继续警告不要干涉"。 |
| 6 | 1959 年 3 月 28 日《人民日报》还没有指责尼赫鲁,希望他能采取行动限制印度。 |
| 7 | 1959 年 4 月 23 日《人民日报》评论说,"印度某些有影响力的人物"认为"中国很弱""向中国施加压力的时候到了"。《人民日报》随后发出警告:"对一个政治家来说,没有比误判形势更大的悲剧了!如果印度扩张主义者试图向中国施压,那么他们找错了对象。" |
| 8 | 1959 年 4 月 27 日《人民日报》转载了《印度时报》和《印度邮报》刊登的侮辱中国领导人的漫画,同时谴责了这一行为。 |

① 所谓的"拉达克地区"为中国故土,位于喀喇昆仑山和喜马拉雅山之间的一处峡谷,中印双方在该地区对峙多年,中国从未承认印度单方面设立的"拉达克中央直辖区"合法有效。

② 阿克赛钦源于古突厥语 Aksai Chin,意为"中国的白石滩",aksai 指"白石滩",突厥语称中国为 Chin(秦)。阿克赛钦地区位于新疆维吾尔自治区和田县南部、喀喇昆仑山和昆仑山间,为新疆柯尔克孜族和维吾尔族牧民牧地,由中国实际控制。

纸上战场

续前表

| 序号 | 引述的内容 |
|---|---|
| 9 | 1959 年 4 月 28 日《人民日报》称"印度当局纵容"刊登这些漫画。 |
| 10 | 1959 年 5 月 3 日《人民日报》表示，美国和英国是否开始以更有利的眼光看待尼赫鲁，或者尼赫鲁是否"正在向它们靠拢"，这都无关紧要，因为这一变化意味着"放弃中立"。 |
| 11 | 1959 年 5 月 6 日《人民日报》首次逐条反驳尼赫鲁的讲话，表示对"被迫与他争论"感到苦恼，但"作为尼赫鲁正在讨论的事务的当事方"，有必要指出尼赫鲁的错误。 |
| 12 | 1959 年 5 月 6 日《人民日报》刊登了一篇名为《西藏革命与尼赫鲁的哲学》的长篇文章，涉及尼赫鲁对西藏自治的看法。这篇文章以巧妙而讽刺的语气警告尼赫鲁，在解放军扫荡西藏叛乱分子的时候，管好自己的商店就行了，中国和印度"只顾自己的事就够忙的了，我们有什么理由干涉对方的事呢？" |
| 13 | 赫鲁晓夫在 1959 年 11 月赞成中国以部分军队撤出阿克赛钦地区的形式所做的让步，赫鲁晓夫对中国边境地区人口稀少的说法多次受到中方的批评，最近一次出现在 1963 年 3 月 5 日《人民日报》的社论中。 |
| 14 | 周恩来似乎相信尼赫鲁会发现在针对某些"事实"达成一致之前，很难坚持与中国人就"原则"进行谈判。1960 年 1 月 29 日《人民日报》关于协议的社论说明了周恩来的用意。 |
| 15 | 1960 年 2 月 1 日《人民日报》说："中缅之间发生的事情，当然也会在中国和其他国家之间发生。" |
| 16 | 1960 年 3 月 25 日《人民日报》强调，中国与邻国之间的所有边界争端都可以在考虑到历史背景和"目前的实际情况"的前提下，通过维持现状解决，并引用了与缅甸和尼泊尔的协议。 |
| 17 | 取而代之的是 1962 年《人民日报》对中国立场的一篇"简要报道"。 |
| 18 | 1961 年 9 月，中国人含蓄地攻击对殖民主义的温和言论（1960 年 9 月 9 日《人民日报》社论）："在不结盟国家会议上，有人提出了古典殖民主义时代已经过去和死亡的论点……与事实相反。" |

续前表

| 序号 | 引述的内容 |
|------|-----------|
| 19 | 他们也可能相信,尼赫鲁认为让边界争端"开放"对他的内政和外交政策有利(1961年12月7日《人民日报》社论)。 |
| 20 | 他们警告新德里:"如果认为中国是软弱的,是可以被欺负的,就是在犯致命的错误。"(1961年7月21日《人民日报》文章) |
| 21 | 随着争吵的继续,至少有三个版本的边界在三国交界处被提出,两个是中国提出的(1961年10月8日和11日《人民日报》的描述),一个是印度提出的(1961年10月10日的说明)。 |
| 22 | 在此次袭击的最后准备阶段,中国警告即将进行报复。《人民日报》1961年10月14日的社论立即向中国人发出了武装呼吁,并对印度人发出了最后的警告:"看来尼赫鲁先生已经下定决心要攻击中国边防部队……如果还有一些疯子不顾我们善意的劝告,执意要再试一次,那就让他们去吧,历史将对其进行无情的裁决。" |
| 23 | 只是明确了中国早先对赫鲁晓夫的委婉批评(1961年9月17日和18日《人民日报》)。 |
| 24 | 在10月20日的重大进攻取得成功后,他们很快认识到"只有美帝国主义才能从这场冲突中获益"(1961年11月8日《人民日报》社论)。他们担心美国可能决定在第二次战争中介入并扩大战斗。 |
| 25 | 赫鲁晓夫曾暗示他会改变他的立场,这也反映在已出版的《人民日报》中(1963年11月1日《人民日报》)。根据中国人的说法:"1962年10月13日和14日,赫鲁晓夫对中国大使说他们也得到了关于印度准备攻击中国的情报。如果他们处在中国的位置,也会采取同样的措施。在中印边界问题上不可能采取中立态度。如果有人攻击中国,而苏联说自己是中立的,这将是一种背叛。" |
| 26 | 1962年10月的《人民日报》只报道了刘晓在苏联领导人的宴会上受到款待的事实。它完全避免提及苏联媒体的致敬,其中包括刘与苏联高级官员的一系列热情、真诚的对话,以及1962年10月23日以与米高扬的"同志般的讨论"作为结束的声明。 |

续前表

| 序号 | 引述的内容 |
|---|---|
| 27 | 同一时期,恰恰相反的是,《人民日报》和其他中国报纸不仅在赫鲁晓夫与刘晓会晤之后,甚至在《真理报》就"臭名昭著的"麦克马洪线、中印会谈和某些沙文主义的印度共产党成员等议题采取支持中国的立场之后,仍然保持着持续的反苏炮攻。 |
| 28 | 《人民日报》在1962年10月26日转载了《真理报》的和平献礼,但没有用于后续评论。 |
| 29 | 1962年10月27日《人民日报》在"解释"尼赫鲁的反华政策基本上是他的阶级立场问题时,含蓄地攻击赫鲁晓夫庇护和支持尼赫鲁,并试图"在对华关系中扮演安抚角色"。 |
| 30 | 1963年10月13日《人民日报》的一篇文章"表明了中国对印度人采取限制的决定":"如果印度政府在美帝国主义和现代修正主义者的煽动下,盲目相信武力,故意重新挑起边界冲突,中国政府会首先将这一情况通知科伦坡会议各国,请它们出面制止,今天的情况与一年前大不相同。" |
| 31 | 中国在1962年3月4日《人民日报》的社论中谨慎地公开否认了这一点。这篇社论实际上表示,中国希望在这个问题上展现出公平:中国采取的立场是"不干预,对双方都一视同仁"。在克什米尔争端解决后,争端双方中的任何一方都有权"与中国政府重新谈判",以边界条约取代协议。 |

　　《人民日报》是《硬目标分析》中情报评估的基础证据,这也就导致了情报文本中所负载的《人民日报》本体及其内容,较为集中地在美国决策层内部流通。《硬目标分析》的生产依然是中情局对《人民日报》进行信息过滤的结果,作为"中国共产党机关报",《人民日报》并没有被排斥出国际传播场域,其本体没有被过滤,反而成了中情局高度依赖的信源,因其在情报文本中的高曝光率而被强化认知;从《人民日报》的内容来看,《硬目标分析》的情报

文本是分析师对《人民日报》内容的选择与使用的体现；从《中印边界纠纷》中体现出的对内容的信息过滤结果来看，《人民日报》的内容已经被过滤成了碎片化的状态。

中情局对内容进行的剪裁与缩写，以及对观点的提炼都遵循着"服务论证逻辑"的实用主义哲学，对《人民日报》内容的信息过滤是根据情报评估的具体需要进行的。换句话来说，中情局的信息过滤造成了这样一个结果：《人民日报》在美国决策层中的被知晓率极高，但没有谁看过完整的《人民日报》，中情局利用这些经过精心剪裁的"内容碎片"为作为受众的美国决策层构筑起了关于《人民日报》的拟态环境。

2. 次重要信源：被剪裁信息与被提取观点的《红旗》杂志等

情报评估的目的是判断新中国的能力与意图，中情局对于新中国大众传媒的信息过滤是功利化的，对新中国大众传媒的使用是工具性的。《硬目标分析》形成了以《人民日报》为最重要信源，《红旗》《学习》杂志等其他中央报刊为次重要信源的信源结构。次重要信源是对《人民日报》的补充，其构成以《红旗》《学习》《中国青年》《中国妇女》《世界知识》等杂志及《光明日报》《解放军报》等报纸为主。《硬目标分析》的最重要信源与次重要信源，为美国决策层提供了关于新中国大众传媒"媒介类型"的知识。从通过了中情局的信息过滤而流通进《硬目标分析》情报文本中的内容来看，新中国大众传媒在被过滤后以"被剪裁的信息"与"被提取的观点"呈现出来。《硬目标分析》中的次重要信源主要分为两种类型：内容类型和议题类型。

从内容类型来看，《硬目标分析》对于新中国大众传媒报道中的"重要干部言论"和代表同级党组织意见的社论（editorial）的选择倾向性较强。

一方面，"重要干部言论"是中情局对新中国开展情报评估的重要切入点，因此，在中情局过滤的内容当中，新中国大众传媒所承载的"干部言论"成了能够通过中情局信息过滤的重要内容。"根据《红旗》杂志随后的报道，7月中旬，薄一波向华北代表解释了毛（泽东）同志和党中央决定建立工农商学兵的大公社的原因"①。中情局根据《中国青年》杂志刊载的河南省委书记的发言"巴黎公社在历史上与中国将乡镇与公社组织结合起来的实践'差别不大'"，得出了"为了使公社民兵合法化，中国的理论家们求助于马克思和列宁'武装全体人民'的总格言"②的判断。在情报评估中，根据"中共中央组织部部长在《中国妇女》上发表的一篇文章中，将新的分配制度的范围扩大到党政干部，不仅包括公社，还包括县，甚至更高的行政层级"③，认为"言下之意很清楚，干部和群众一样，都要勒紧裤腰带过日子"④。通过"重要干部"在《中国青年》杂志对做"全面的人"有何好处的描述"将来，工厂不仅发展工业，而且还承担少量的农业生产。例如，一家钢铁厂的工人经过白班和夜班后非常疲劳，如果他们在炼钢之后再参与一点农业生产，会感到精神振奋，这对他们的身体健康是有好处的，对精神上

①　中情局解密情报：《人民公社：披露和初始组织，1958年夏季》
②　中情局解密情报：《公社：概念和实验，1958年春季》
③　中情局解密情报：《公社、大跃进和中苏关系，1958年8月至12月》
④　同③.

的好处更大"①，做出"产业工人还被期望从事农业生产"② 的判断。换句话来说，在《硬目标分析》中，新中国大众传媒以一种"共产党干部传声筒"的形象示人。

另一方面，"社论"代表同级党组织的意见，而中情局对新中国大众传媒的类型已经基本掌握（例如，将《红旗》杂志称为"共产党的顶级理论期刊"③，将《解放军报》称为"人民解放军的机关报"④），因此这类大众传媒所发表的社论，会被视为"共产党中国"的政策意图，也是《硬目标分析》在信息过滤中提取的另一大类内容。"幸运的是，这次会议未发表的讨论内容，可以从党刊《学习》和党报《人民日报》在全会结束后发表的一系列文章和社论中收集到。首先，明确了中国经济发展的自然条件——国土面积大，人口多，耕地数量少，诞生了以农业为主的经济。这些都与苏联形成了相应的对比，苏联幅员辽阔，耕地面积大，人口少，工业经济占主导地位。"⑤ 通过《红旗》杂志的社论，中情局判断"党坚定地提出了'本土'技术融入中国工业化的新途径"⑥。对于人民公社计划，11 月 3 日《人民日报》转载自《解放军报》的一篇引发了"热烈讨论"的文章指出，"人们对那些不欢迎供给制度的同志发起了猛烈

---

① 中情局解密情报：《中国人"公社计划"的起源》
② 同①.
③ 中情局解密情报：《毛泽东关于战略（1926—1957）》（以中苏在 1957 年至 1960 年的争论为背景）
④ 中情局解密情报：《中苏关于共产主义世界战略的争论（1957 年秋—1959 年秋）》
⑤ 同①.
⑥ 同③.

的攻击，指责他们缺乏不断革命的意识形态……"①，中情局据此认为"军队内部反对公社的证据虽然不那么明确，但更耐人寻味"②。中情局还分析了《红旗》杂志的一篇有关苏联党代会的社论，"尽管在苏联党刊和报纸中发现了赫鲁晓夫'创造性地'发展了马列主义理论的许多方面，但在中国的党刊只找到了一处：'社会主义国家……将或多或少同时过渡到共产主义社会的高级阶段。'《红旗》还是继续赞扬赫鲁晓夫'正确地指出'在帝国主义结束之前就有可能消除世界大战"③。

从议题类型来看，中情局对于新中国大众传媒国内议题的分析聚焦于"运动""人民公社""大跃进""整风"等，而《硬目标分析》对新中国国际事务议题的过滤则主要聚焦在"中美苏三角政治"的"宣传证据"上。

一方面，"杜鲁门政府试图促进'铁托主义'在亚洲的扩散"④，"楔子"战略的目标是分裂中苏，因此中情局对于新中国大众传媒中体现出的关于中苏关系的宣传证据表现出了高度的敏感性，能体现中苏关系发展迹象的内容均被中情局提取出，"美国专家考虑了两个权力中心即莫斯科和北京在共产主义阵营中正在辩论的主要问题"⑤。1958年后，美国注意到"在赫鲁晓夫访华之后，中国的新

---

① 中情局解密情报：《中苏关于共产主义世界战略的争论（1957年秋—1959年秋）》
② 同①.
③ 同①.
④ 加迪斯. 长和平：冷战史考察［M］. 潘亚玲，译. 上海：上海人民出版社，2011：202.
⑤ TULUŞ A. Trends in Communist propaganda：a CIA investigation from 1970［J］. Eminak：Scientific Quarterly Journal，2021，4（36）：160-170.

闻媒体对苏联含蓄的批评有所增加。8 月中旬，北平的评论员对那些相信和平只能靠溜须拍马和与侵略者妥协才能实现的人进行了抨击"①。在《硬目标分析》中，中情局引述了《红旗》杂志在 1960 年 6 月 16 日刊登的文章《东郭先生和赫鲁晓夫同志》，"狼就是狼，它吃人的本性不会改变。中国古代有一个关于中山狼的寓言故事，讲述了东郭先生发现了一只狼……幸运的是，来了一个农民，他很了解狼吃人的本性。他把狼诱回袋中打死，东郭先生得救了"②，以此来判断"共产党中国"对苏联领导人赫鲁晓夫的态度。《世界知识》杂志以"世界新形势"为题发表过一篇关于苏联军事发展的文章，中情局在《硬目标分析》中对这篇文章的观点进行了转译，称"文章开头就将苏联的武器发展称为 20 世纪第四次重大历史性变革，并且认为从现在起，社会主义世界体系相对于资本主义的优越性将在所有领域更加明显"③。

另一方面，《硬目标分析》聚焦了新中国大众传媒所体现出来的反美主义。中情局剪裁了 1959 年 2 月 9 日《光明日报》对美国第一颗人造地球卫星的评论，"《光明日报》谈到了世界力量分布的质变，认为世界力量分布结构的质变，不仅撕裂了美帝国主义这只纸老虎，也对整个国际范围内各国家间的相互关系产生了深远的影

---

① 张少书.朋友还是敌人?：1948—1972 年的美国、中国和苏联［M］.顾宁，刘凡，李皓，译.北京：中央编译出版社，2014：106.

② 中情局解密情报：《毛泽东关于战略（1926—1957）》（以中苏在 1957 年至 1960 年的争论为背景）

③ 中情局解密情报：《中苏关于共产主义世界战略的争论（1957 年秋—1959 年秋）》

响"①；对反美主义的另一种信息过滤方法是"提取"观点，中情局
提取了《世界知识》杂志对美国局部战争战略发表的观点，"《世界
知识》杂志认为，虽然美国大规模报复的战略已经失败，但局部战
争更加频繁发生的可能性更大，对其的应对变得更有必要"②。

《硬目标分析》排除了一部分"基础认知"知识中已牵涉到的
新中国大众传媒，从信息源结构来看，这部分被排除的新中国大众
传媒被称为边缘信源，信息搜集主体在对这类信源的选择和使用上
较为被动，因此《硬目标分析》较少或者完全放弃使用它们。从前
述的两类信源来看，新中国广播、新华社和地方各级党报党刊的内
容较少，向英语世界发行的《北京周报》《中国建设》等英文报刊
也较少被选择，因此被归入边缘信源的范畴之中。从最重要信源、
次重要信源到边缘信源的变化，体现的是中情局对新中国大众传媒进
行信息过滤的逻辑，即信源偏好标准。

### （二）过滤的逻辑：新中国大众传媒"被国际传播"的影响因素

按照信息视野理论，信源偏好标准包括信息的可得性和可及性
（availability and accessibility of information）、信息内容（content
of information）、信息的可用性（usability of information）、用户特
征（user characteristics）和情境因素（situational factors）五个方
面。③ 从这个角度来讲，信源偏好标准的五个方面就是新中国大众

---

① 中情局解密情报：《中苏关于共产主义世界战略的争论（1957 年秋—1959 年秋）》
② 同①.
③ SAVOLAINEN R. Information source horizons and source preferences of environ-
mental activists：a social phenomenological approach ［J］. Journal of the American Society
for Information Science and Technology，2007，58（12）：1709 - 1719.

传媒"被国际传播"的影响因素。

1. 可得性和可及性：新中国大众传媒信息的搜集与获取

新中国大众传媒从主观上来讲基本是用于内宣的，经过中情局的宣传分析工作才得到了所谓的国际传播。将新中国大众传媒作为信源，基础条件是能够获取到新中国的报纸、杂志和广播节目。美国和英国自二战起就开展了世界上最广泛的媒体监控，收集和利用非秘密来源的信息，这些来源包括电视和广播、报纸、贸易出版物、互联网网站，以及几乎任何其他形式的公共传播，统称为开源情报。中情局对于新中国大众传媒信息的搜集，主要涉及外国广播信息服务局与外国文件处两个机构。前者主要由其夏威夷分局来监听新中国的广播电台和新华社的电文（见第二章的案例：《对中共广播特征的分析》）；后者按照经济、社会、军事三大类别，报纸、期刊和专著三种媒介类型对"共产主义中国"的信息进行分类并进行搜集①。获取和传播作为开源情报的新中国大众传媒信息"相对容易且风险最小"②。从新中国大众传媒的可得性和可及性来看，最容易获得的是新中国在英语世界发行的《北京周报》《中国建设》《中国画报》和《中国妇女》等英文报刊；新中国的广播电台和新华社的电文也可以通过外国广播信息服务局夏威夷分局监听站获得，但涉及新中国广播的中文语音和新华社的莫尔斯电码到英文文本的转译；《人民日报》、《红旗》杂志等在可及性上与前二者相比

---

① 文档编号（FOIA）/ESDN（CREST）：CIA-RDP78-03130A000100030059-8

② LEETARU K. The scope of FBIS and BBC open-source media coverage，1979 - 2008 [J]. Studies in Intelligence，2010，54（1）：17 - 37.

是较差的，却成为《硬目标分析》的最重要信源和次重要信源。也就是说，新中国大众传媒的可得性和可及性仅作为一个次要的影响因素存在，中情局对于新中国大众传媒的信息过滤还受到其他因素更大的影响。

2. 内容质量与可用性：对新中国大众传媒的"分级"

共产主义媒体几乎总是在披露国家当局在特定事件中的官方立场。除此之外，通过收集、翻译和比较各个共产主义国家媒体的信息，情报专家可以发现其所认为的苏联集团整体统一中的裂痕。① 中情局着重提取了新中国大众传媒中"重要干部言论"和社论两种类型的内容，就是因为其代表着"共产党中国"的官方立场，这就涉及新中国大众传媒的"信息内容"问题。这里所说的内容代表着哪一级领导干部和党组织的态度，内容质量高低即中情局所分析的新中国大众传媒是否属于中央级媒体，与新中国大众传媒"被国际传播"的程度呈正相关关系。在分析人民公社被正式公开时，中情局称"陈伯达在 7 月 1 日和 16 日出版的'中央委员会新的理论刊物'《红旗》杂志上发表了两篇文章，正式公开宣传人民公社，这些文章构成了记录公社计划起源的最佳信息来源之一"②。中情局在一篇关于修改法律争论的分析文章里，将《学习》杂志介绍为"中国共产党的官方机关刊物"（the official Chinese Communist Party

---

① TULUŞ A. Trends in Communist Propaganda：a CIA investigation from 1970 [J]. Eminak：Scientific Quarterly Journal，2021，4（36）：160-170.
② 中情局解密情报：《人民公社：披露和初始组织（1958 年夏季）》

organ)①；《解放军报》被定位为"人民解放军的机关报"（the offi-
cial organ of the People's Liberation Army)②；《中国青年》被称为
"共产主义青年团的机关刊物"（organ of the Young Communist
League)③。中情局对新中国大众传媒的信息过滤中，倾向于提取
高"级别"报刊，因此《人民日报》和《红旗》杂志等的可用性也
更高。"在某些情况下，开源情报只是用来衡量当地对事件的反应。
在其他情况下，它被用来支持对未来事件的估计，以支持情报分
析。"④ 在《硬目标分析》中，新中国大众传媒的工具属性较为明
显，为情报评估提供了事实依据。从情报文本的行文结构来看，这
涉及新中国大众传媒信息的可用性问题，即新中国大众传媒中是否
有足够多的信息可供剪裁，以作为情报评估的事实依据。新中国大
众传媒的内容与可用性是其"被国际传播"的重要影响因素，这也
能够解释为何新中国面向英语世界发行的《北京周报》《中国建设》
等没有成为《硬目标分析》的重要信源。

3. 用户特征和情境因素："烟囱"（stovepipe）问题与时间压力

新中国大众传媒的可得性和可及性、内容与可用性是从新中国
大众传媒本体角度来进行的分析，除此之外，中情局作为知识生产
主体的用户特征和情境因素也构成了新中国大众传媒"被国际传
播"的影响因素。《硬目标分析》是由中情局的情报分局主导生产

① 中情局解密情报：《中国人"公社计划"的起源》
② 同①.
③ 中情局解密情报：《中国人口增长：政治的影响》
④ LEETARU K. The scope of FBIS and BBC open-source media coverage，1979 -
2008 [J]. Studies in Intelligence，2010，54 (1)：17 - 37.

的系列情报，其在信源方面对新中国广播电台和新华社电文的排斥
受到了"烟囱"问题的影响。"烟囱"问题指的是不同机构间没有
横向的情报共享机制，"导致不同情报机构的情报在不同层级上并
不能彼此分享，不能将多源情报进行融合"①，结果形成了一个又一
个类似"烟囱"结构的情报机构。新中国广播电台和新华社电文是
由外国广播信息服务局负责监听和记录的，因为"烟囱"问题的存
在，外国广播信息服务局无法与中情局情报分局顺利地共享其监听
和记录的新中国广播电台和新华社电文的内容，这是导致《硬目标
分析》排斥新中国广播电台和新华社电文信源的部分原因。

　　另外，情报分析所具有的时间压力也是《硬目标分析》选择信
源时的另一影响因素。"与传统的秘密情报相比，开源情报的最大
优势之一是近乎实时，材料在完成生产后很快就可以被检查"②，情
报分析需要在规定时间内生产出来的知识，《硬目标分析》对于信
源的要求最为关键的一点在于其必须可以提供近乎实时的信息，以
供分析师寻找事实依据和印证依据。从这一点来看，《人民日报》
较之《红旗》杂志等有着更高的信息更新频率，加之其在内容质
量、可用性方面的优势，因此其可以成为最重要信源。

## 知识生产的结果：定义新中国大众传媒

　　在"中苏关系"知识的生产中，中情局进行信息过滤的对象是

---

　　① 张家年. 情报融合中心：美国情报共享实践及启示 [J]. 图书情报工作，2015，
59（13）：87 - 95.

　　② LEETARU K. The scope of FBIS and BBC open-source media coverage，1979 -
2008 [J]. Studies in Intelligence，2010，54（1）：17 - 37.

新中国大众传媒，经过中情局的信息过滤而形成的知识为美国决策层定义了新中国大众传媒，且这一定义的深远影响延续至今。在"中苏关系"知识的生产中，新中国大众传媒是以信源的形态参与其中的，中情局定义新中国大众传媒时所因循的逻辑体现在《硬目标分析》中相关主体的分布、所涉的内容类型和议题类型，而这正是中情局依据其信源偏好标准对新中国大众传媒进行信息过滤的结果，对新中国大众传媒的定义也是中情局第一阶段知识生产的结果。中情局对新中国大众传媒进行信息过滤时所采用的两个重要方法是"剪裁信息"和"提取观点"，正如李普曼（Walter Lippmann）在分析拟态环境时所指出的"绝大多数人只能通过'新闻供给机构'了解身外世界"，美国决策层也只能通过以中情局为主的情报机构了解新中国大众传媒，中情局在信源偏好标准的基础上，通过剪裁信息和提取观点重构了新中国大众传媒，形成了一个关于新中国大众传媒的拟态环境，其中最重要的是经过中情局有选择的加工之后所提示的关于新中国大众传媒作用和传播内容的象征性现实。

中情局对于新中国大众传媒的定义还是处于共产主义与反共产主义的二元框架之下，遵循强化"他者"身份的逻辑，将传媒的苏联共产主义理论挪用于新中国大众传媒，"结果是各自画出一条想象的界限来区隔'我们'与'他们'"①。正如托马斯·L.麦克费尔（Thomas T. McPhail）在《全球传播：理论、利益相关者和趋势》中的评价，"1949 年中华人民共和国成立。直到 20 世纪 70 年代中期，中国媒体一直与外界完全隔离。当时的媒体主要作为意识形态

① 萨义德. 报道伊斯兰［M］. 阎纪宇，译. 上海：上海译文出版社，2009：109.

工具，为共产党的政治需求服务"①。通过信息过滤，中情局在作用和内容两个维度上定义了新中国大众传媒。

## （一）定义作用：继续强化工具属性

工具属性是美国对于共产主义国家宣传和大众传媒的基本定位。无论是杜鲁门认为的"宣传是共产党人引导人民思想的最有力武器之一"②、谢尔曼·肯特认为的"苏联将宣传转变成一种强大的情报工具"③，还是传媒的苏联共产主义理论将"大众传媒当作维护国家统一和党的统治的工具"④。这一定义始终贯穿于美国对于共产主义国家广义的宣传和狭义的大众传媒之中。

中情局在基础知识的生产中，突出的是"共产主义中国"与"西方民主世界"的区隔，在"中苏关系"知识的生产中，则进一步聚焦到了突出"共产主义传媒体制"与"自由民主传媒体制"的区隔上，这是中情局遵循共产主义与反共产主义逻辑的体现，这种对"他者"的强化，是中情局定义新中国和新中国大众传媒的基础逻辑。因循着此种逻辑，中情局在通过剪裁信息和提取观点的手段对新中国大众传媒重新加以结构化后，继续强化了新中国大众传媒的工具作用。从被过滤出的内容类型"重要干部言论"和社论来看，中情局认定新中国大众传媒以一种高层"传声筒"的角色存

① 麦克费尔．全球传播：理论、利益相关者和趋势［M］．张丽萍，译．北京：中国传媒大学出版社，2016：285.
② 福特纳．国际传播："地球都市"的历史、冲突与控制［M］．刘利群，译．北京：华夏出版社，2000：98.
③ 文档编号（FOIA）/ESDN（CREST）：CIA-RDP61S00750A000600050006-3
④ 西伯特，彼得森，施拉姆．传媒的四种理论［M］．戴鑫，译．展江，校．北京：中国人民大学出版社，2008：108.

在，对于新中国大众传媒的使用也遵循着明确的工具性思维，将其作为支持情报分析的工具。《硬目标分析》中对新中国大众传媒的工具定义，叠加了"共产主义国家的统治工具"和"进行宣传分析的情报工具"两重含义，这种定义与西方大众传媒体制下传媒作用的发挥形成了巨大反差，新中国大众传媒与西方大众传媒的差异性被推向了极端，"然后可以被颠倒过来，作为自我建构的基础"①。

## （二）定义内容：与意识形态输出的捆绑

情报评估的基本目的是判读新中国的能力和意图，《硬目标分析》中之所以选择《人民日报》和《红旗》杂志等作为最重要信源和次重要信源，是受到其信源偏好标准的影响，尤其是考虑到了大众传媒的内容质量与可用性是否可以构成对新中国的意图做出判断的依据。新中国大众传媒的内容基本上就是对上述议题中的政治意图的表达。

从关于新中国大众传媒的议题类型来看，国内议题聚焦于"人民公社""大跃进""整风"等各种"运动"，国际议题聚焦于中美苏三角政治的宣传证据，"苏联媒体更倾向于处理全球性问题，而中国媒体更关注国内以及自身利益范围（印度支那、中东、朝鲜半岛和巴基斯坦）"②的问题。中情局对新中国大众传媒在内容上的单一化塑造，一方面源于其对新中国大众传媒的工具性的使用与价值预设，另一方面同样源于其所因循的共产主义与反共产主义的二元

---

① 潘成鑫.国际政治中的知识、欲望与权力：中国崛起的西方叙事［M］.张旗，译.北京：社会科学文献出版社，2016：93.

② TULUŞ A. Trends in Communist propaganda：a CIA investigation from 1970［J］. Eminak：Scientific Quarterly Journal，2021，4（36）：160 – 170.

框架，强化作为"他者"的共产主义大众传媒与自身大众传媒在内容上的区隔。新中国大众传媒的内容，被定义成了中国共产党政治意图的无限延伸，这种定义造成了两重影响：一方面中情局得以复证其利用新中国大众传媒作为情报分析工具的合法性，另一方面将新中国大众传媒与西方资本主义世界视为洪水猛兽的共产主义意识形态输出捆绑起来，加深了美国决策层对于新中国大众传媒的恐惧与警惕，中情局向情报用户传达的有关新中国大众传媒的形象，"使敌意和无知更加根深蒂固"①。

## 二、《硬目标分析》的"隐蔽的国际传播"与知识网络的建构

《硬目标分析》的密级为"机密"或"绝密"，根据情报文本，其是在 2007 年 5 月和 6 月得到解密的。作为中情局涉华知识生产的第二阶段，《硬目标分析》的解密是对回溯性知识的生产，与《信息报告》等"基础认知"知识的解密以建构共和国史"他者"叙事为目的不同，《硬目标分析》聚焦的是中苏关系范畴内的知识，其面向国际传播场域的解密所产生的知识结果是对共和国史"他者"叙事的强化。《硬目标分析》的解密，向国际传播场域的受众提供了一种在中美关系正常化前对新中国内政和外交影响最大的中苏关系的观察视角——换言之，是一种对苏联影响下的新中国内政和外交历史的"他者"叙事。中苏关系的"他者"叙事也经历了信息过滤

---

① 萨义德. 报道伊斯兰 [M]. 阎纪宇，译. 上海：上海译文出版社，2009：42.

（《硬目标分析》的解密）与知识生产（情报解密所造成的知识结果）两个阶段，廓清《硬目标分析》已经解密的篇目，探究其背后的信息过滤逻辑，有助于对知识结果即中苏关系的"他者"叙事的把握。

## 篇目结构与解密逻辑：对《硬目标分析》中观层面的分析

本书所聚焦的是与中国相关的"隐蔽的国际传播"即信息过滤问题，所以关注的是《硬目标分析》中与中国相关的 POLO 和 ESAU 系列情报的解密，而对《硬目标分析》中观层面的分析牵涉到的是已经解密的篇目，这是从结果角度来分析中情局将《硬目标分析》作为整体对象进行的信息过滤，解密的篇目就是观察中情局定义苏联影响下的新中国内政和外交历史的起点。《硬目标分析》的解密，从过程上看经历的是从机密/绝密到解密，进而被释放到国际传播场域，其背后所蕴含的是中情局在涉华知识生产的第二阶段，即回溯性知识的生产中的信息过滤逻辑。

### （一）"动荡内政"与"争吵外交"：《硬目标分析》的篇目结构

在中情局《信息自由法》电子阅览室中，《硬目标分析》是作为历史合集的二级目录"CAESAR，POLO，ESAU"合集而存在的，《信息自由法》电子阅览室中的"合集"（collection），是中情局历史审查计划对某一系列解密情报进行的归集，通过某一合集就可以浏览中情局解密的某一系列情报的全部篇目，不再需要使用关键词在搜索栏中进行检索，这避免了因检索不到位导致的分析篇目结构时出现疏漏的风险。根据"CAESAR，POLO，ESAU"合集，中情局情报分局中苏研究小组成立后所生产的以"共产党中国政治"为研究目标的 POLO 项目解密了 36 篇情报，以中苏关系为研究目标的 ESAU 项目解密了 56 篇情报（与中国相关的有 33 篇），情报生产时间集中在 1959—1972 年（仅有两篇评估报告生产于 1973 年）。[①] 解密的《硬目标分析》包含苏联影响下的新中国内政和外交两类议题。

篇目结构是从中观层面观察中情局对《硬目标分析》信息过滤的切入点，所表征的是中情局在涉华知识生产的第二阶段中，以《硬目标分析》为信息过滤对象所产生的知识结果。"CAESAR，POLO，ESAU"合集提供了一个"完整"的《硬目标分析》篇目结构（这里的"完整"，指的是"解密后的完整"，而非呈现《硬目标分析》的原来面貌）。

中情局将"共产党中国的政治"作为对新中国内政的观察视角，这也是 POLO 项目的主题，在此基础上逐渐演化出的"中南海高层政治"成了美国延续至今的观察中国内政的主流视角和中心议题。通过解密的《硬目标分析》的内容来看，中情局试图将新中国内政的整体形象塑造为"动荡"，是对冷战时期将"反共作为主流文化信仰"[②] 的延续。中情局用"反复无常"来形容 1958—1961 年的中国国内政策，并做出了"很可能迫使中国领导层陷入危机"的判断。中情局对新中国内政演进的叙事聚焦于各种"运动"。在新

---

① CIA. The CAESAR, POLO and ESAU papers: Cold War Era hard target analysis of Soviet and Chinese policy and decision making, 1953 – 1973 [M]. Washington: Government Printing Office, 2013: 1 – 36.

② 赫尔曼，乔姆斯基. 制造共识：大众传媒的政治经济学 [M]. 邵红松，译. 北京：北京大学出版社，2011：25.

中国外交维度，中情局以中苏争端为轴心，为新中国塑造了"争吵"的形象，这与新中国自身的叙事形成了鲜明反差。从内容上看，中情局在新中国对外交往的地缘政治框架基础上，建构起了新中国外交的"争吵"叙事，以赫鲁晓夫口中"好斗的公鸡"形象来责难中国。寻找中苏争端的宣传证据一直是中情局进行宣传分析的目的之一，在《硬目标分析》中，中苏从领土到意识形态，从朝鲜、拉美到越南，展开了全面的"争吵"。除此之外，在对中国较为重要的其他地缘政治关系方面，中情局叙事下的新中国也在不断"争吵"，所举的例子包括中印之间最终演变成军事冲突的领土争端、中国共产党在南亚和东南亚"公开鼓励农村起义"、红卫兵"输出对毛的崇拜在国外引起了民族主义的敏感"、日本共产党与中国共产党关系的分裂等。

## （二）"知识传播"与"博弈工具"：《硬目标分析》的过滤逻辑

中情局涉华知识生产的第二阶段即对《硬目标分析》的信息过滤，依然牵涉到不公开与公开这一对概念，这也是探究中情局对《硬目标分析》的信息过滤逻辑时需要考虑的结构性问题。

在中情局关于《硬目标分析》解密的说明中，对于未解密篇目和情报文本中被"消毒"部分给出的理由是"由于该系列中的一些文件仍然十分敏感（the continuing sensitivity of some documents），因此不得对其解密"①。"不公开"这一问题所关涉的是在信息过滤

---

① CIA. The CAESAR, POLO and ESAU papers: Cold War Era hard target analysis of Soviet and Chinese policy and decision making, 1953 - 1973 [M]. Washington: Government Printing Office, 2013: 1 - 36.

中被筛除的内容，情报的隐蔽性使得这一部分的内容不具有可及性，因此无法作为"隐蔽的国际传播"的内容进行讨论。

本书对于《硬目标分析》信息过滤逻辑的讨论，着眼于通过信息过滤被提取且释放至国际传播场域的内容，即把关人的"疏导"逻辑。如果说中情局涉华知识生产第一阶段的国际传播属性是使得新中国大众传媒"被国际传播"进美国决策层，那么涉华知识生产第二阶段的国际传播属性就是使情报经过过滤被释放进国际传播场域，这种过滤是对"国际传播是过滤式的传播"① 的诠释，其所遵循的公理是"趋利避害"②。中情局对于《硬目标分析》的解密，是中情局作为把关人对作为信息的《硬目标分析》进行把关的过程，这是一个受到政治、意识形态等多种因素影响的复杂过程。对于公开《硬目标分析》的目的，中情局给出的解释是使公众更容易深入了解这一时期中央情报局在某些方面的分析思想。③

同时，在影响中情局情报解密的因素中，除了《信息自由法》等法理因素和所谓的国家安全因素，将公开披露情报作为"战略博弈工具"以及"限制向外界发布信息，以便控制外界对组织的看法"④ 的官僚机密这两重因素，依然是影响对《硬目标分析》信息过滤的关键所在。

---

① 程曼丽. 信息全球化时代的国际传播 ［J］. 国际新闻界，2000（4）：17 - 21.
② 同①.
③ CIA. The CAESAR，POLO and ESAU papers：Cold War Era hard target analysis of Soviet and Chinese policy and decision making，1953 - 1973 ［M］. Washington：Government Printing Office，2013：1 - 36.
④ AFTERGOOD S. Secrecy and accountability in U. S. intelligence ［EB/OL］.（1996 - 10 - 09）［2022 - 12 - 16］. https：//sgp. fas. org/cipsecr. html.

一方面，解密《硬目标分析》是对知识传播的具体实践，是对中情局分析思想的延伸。这与《硬目标分析》作为情报时的定位相关联。虽然情报本身即为知识，但中情局彼时对《硬目标分析》的功能定位——"试图建立一个关于特定政治问题的综合知识库"①——进一步强化了其知识属性。而且《硬目标分析》不是泛化的知识，而是一种具象化的知识，是中情局以新中国大众传媒为信源对苏联影响下的新中国内政和外交进行情报评估后得出的知识，这反映了中情局的分析师们对中苏关系这一议题的理解。知识传播的最终目的是尽可能地在最大范围内使知识被人们认识和利用②，中情局对《硬目标分析》的解密，是对其分析理念的二次传播。

另一方面，《硬目标分析》的解密时间是 2007 年，是中俄建立战略协作伙伴关系的第十年。此时，以中苏关系为核心的《硬目标分析》的解密是对美国将公开披露情报作为博弈工具理念的充分体现，以知识的形态将中苏关系史塑造成"争吵"的历史，对中苏关系进行"他者"叙事。

## 知识网络的建构：定义新中国内政和外交

解密后的《硬目标分析》是作为一种回溯性知识而存在的，定义的是新中国的过往，其背后的深层次逻辑是中情局试图为国际传

---

①　CIA. The CAESAR，POLO and ESAU papers：Cold War Era hard target analysis of Soviet and Chinese policy and decision making，1953—1973 ［M］. Washington：Government Printing Office，2012：1 - 36.

②　WANG P，TONG T W，KOH C P. An integrated model of knowledge transfer from MNC parent to China subsidiary ［J］. Journal of World Business，2004（39）：168 - 182.

播场域的受众提供一套理解彼时新中国内政和外交的知识网络。该网络由运动、争端所构成，将苏联影响下的新中国内政和外交定义成"动荡且争吵"的。从形态来看，知识网络即"以知识或知识点为网络节点，这些知识点、概念、学科等以分类关系或者语义关系所构成的知识与知识之间的网络"①。作为"苏联影响下的新中国内政和外交"这一"特定政治问题的综合知识库"②，解密的《硬目标分析》形成了一个由意识形态、地缘政治和领袖崇拜等因素构成的网状结构的概念世界，即观察新中国内政和外交的知识网络。

在中情局建构的这一知识网络中，共产主义意识形态是位居中心的知识节点，这是中情局在"反共作为主流信仰的文化环境下"③遵循共产主义与反共产主义二元框架的体现。前文中已经提及，中情局的涉华知识生产就是一个不断地强化"他者"即"共产主义中国"的过程，共产主义意识形态是理解新中国内政和外交的知识原点，在此基础上又关联了新中国内政和外交这两个知识节点。

具体而言，中情局用领袖崇拜关联了新中国内政这一知识节点的内容。《硬目标分析》关于新中国内政的知识点可以解构为基于斗争哲学的"领袖毛泽东与中共党内高层政治"、基于领袖崇拜所开展的各种运动、基于危机取向的对"共产主义中国国内政策走向

---

① 肖丽平. 农村电子商务知识传播网络结构形态及其运行效率研究［D］. 上海：华中师范大学，2020：31.

② CIA. The CAESAR, POLO and ESAU papers: Cold War Era hard target analysis of Soviet and Chinese policy and decision making, 1953 - 1973［M］. Washington: Government Printing Office，2013：1 - 36.

③ 赫尔曼，乔姆斯基. 制造共识：大众传媒的政治经济学［M］. 邵红松，译. 北京：北京大学出版社，2011：27.

的评估"三个方面，这三个知识点所形成的观察中国内政的结构框架一直延续至今。总之，《硬目标分析》定义的"动荡"的新中国内政，是"妖魔化"新中国的早期形态。

在新中国外交这一知识节点上，中情局将地缘政治与其内容关联了起来。这里所谓的地缘政治是共产主义意识形态层面的概念。《硬目标分析》关于新中国外交的知识点可以解构为四个方面：基于领土纠纷导致的边界冲突（中印、中苏）；基于共产主义意识形态的"输出革命"（南亚、东南亚）；基于共产主义世界领导权、共产主义意识形态解释权、共产主义国家势力范围争夺的中苏争端；基于"从合作到分裂"的中国共产党与日共、缅共的党际交往。这四个方面最终形成了新中国外交的"争吵"形象。中情局关于新中国外交的叙事是典型的"他者"叙事，与新中国本身的"我者"叙事，即基于和平共处五项原则形成的独立自主的和平外交政策形成了强烈对比。《硬目标分析》对新中国外交的定义，是当前以美国为首的西方国家建立的"霸凌小国""陷入孤立""战狼"等针对中国外交的叙事的早期形态。

《硬目标分析》的解密所建立起来的知识网络，是对其分析视角的输出，规定的是国际传播场域的受众理解新中国内政和外交的基本理路，从知识生产的结果来看，即塑造了新中国"动荡且争吵"的内政和外交形象。

# 三、案例：《日共与北京关系的分裂》

《日共与北京关系的分裂》（The Disintegration of Japanese

Communist Party Relation with Peking），是中情局在 2007 年 5 月
解密的情报，编号为 ESAU33，情报的生产时间为 1966 年 12 月 28
日。ESAU 系列情报关注的是中苏争端背景下某些主要国家共产党
间的关系。《日共与北京关系的分裂》回顾了 1964—1966 年，日本
共产党（JCP，简称"日共"）与中国共产党间的矛盾逐渐激化的过
程。中情局认为"在与日共的争吵中，毛已经与两年前作为其反苏
共（CPSU）联盟最忠实支持者的日共决裂了"①。作为《硬目标分
析》系列情报的组成部分，《日共与北京关系的分裂》是以新中国
大众传媒为信源进行情报分析的典型。中情局的分析师们根据日共
党报《赤旗报》（英文名为 *Akahata*，日文名为しんぶん赤旗，简称
《赤旗报》）与中共党报（《人民日报》等）的行动与内容，对日共
与中共间矛盾的发展过程进行了分析。中情局为了生产《日共与北
京关系的分裂》，工具化地运用新中国大众传媒，所形成的知识结
果定义了新中国与新中国大众传媒。

## 对党报的应用：解构《日共与北京关系的分裂》

《日共与北京关系的分裂》是新中国大众传媒之工具性最突出
的体现，在这篇情报中，中情局通过日共党组织对新中国大众传媒
从支持到禁止的态度转变、日共党报与新中国大众传媒从相互转载
到相互不转载的行为变化、新中国大众传媒所刊载的内容三重维度
来判断日共与中共的关系走向。"不到两年的时间里，日共从中苏

---

① 中情局解密情报：《日共与北京关系的分裂》

争端中强烈支持中国的立场，转变为主张独立于两国的新立场"①。

（1）日共党组织对新中国大众传媒从支持到禁止的态度转变。中情局根据日共山口县（Yamaguchi）委员会"把《红旗》《人民日报》等中国出版物作为其管辖范围内党员的学习材料，密切听取北平电台的政治指导"②，判断其有着"长期以来持支持中国共产党路线的立场"③。而在被称为"日共与北京争吵的转折点"④ 的日共中央委员会第四次全体会议后，日共对党员发出的"在这个时候不要听北京广播，不要阅读《人民日报》，不要订阅《北京周报》"⑤建议，也支撑了中情局对日共与中共已产生分歧的判断。

（2）日共党报与新中国大众传媒从相互转载到相互不转载的行为变化。中情局将转载或不转载作为日共与中共之间是否存在分歧的证据。在做出了日共与中共之间的分歧最早出现在 1964—1965 年冬天的判断后，中情局转述了其发现的"不转载"行为——"1965 年 4 月，值得注意的是，与全文转载《赤旗报》主要社论的一贯做法不同，中国只发表了《赤旗报》4 月 13 日支持联合行动的社论的摘要版本"⑥。而在 1966 年 4 月日共中央委员会第四次全体会议后，中情局更是做出了"日共领导人不再克制"⑦ 的判断，其证据是"截至 5 月底，《赤旗报》停止刊登包括《人民日报》在内

---

① 中情局解密情报：《日共与北京关系的分裂》
② 同①.
③ 同①.
④ 同①.
⑤ 同①.
⑥ 同①.
⑦ 同①.

的所有中国报刊的重要文章，停止刊登北平电台的广播时间表。几乎所有的日共刊物都停止了对《毛泽东选集（第二卷）》日文版的推介"①。中情局也通过《人民日报》的反应判断出了中共的态度，"中共媒体停止转载《赤旗报》的所有文章，而在1966年5月之前，这些文章每周都会定期出现在《人民日报》上几次"②。

（3）新中国大众传媒所刊载的内容。除了前述通过"支持/禁止、转载/不转载"的行为进行判断外，中情局仍然将新中国大众传媒所刊载的内容作为判断依据。在日本政府拒绝中国代表团参加日本反对原子弹和氢弹委员会（Gensuikyo）会议事件发生后，中情局通过《人民日报》和新华社的报道判断出了中共对日共的不满，"7月28日《人民日报》一篇抨击日本政府拒绝承认刘宁一的文章说'有一些假冒者加入了阻止我们同志访问日本的阴谋'，很明显中国人说的是JCP"③，7月30日新华社的电讯也明确指出了这些人"持有虚假的借口"④。

## 遮蔽的传播：强化"工具与争吵"的形象

在"隐蔽的国际传播"中，遮蔽（cover）的目的是强化"他者"的形象。《日共与北京关系的分裂》与其他解密情报共同组成了定义新中国内政和外交的知识网络。从作为单篇情报的《日共与

---

① 中情局解密情报：《日共与北京关系的分裂》
② 同①.
③ 同①.
④ 同①.

北京关系的分裂》来看，基于中情局的信息过滤，新中国大众传媒的"被国际传播"所产生的知识结果是新中国大众传媒被中情局继续强化了工具形象；中情局对《日共与北京关系的分裂》进行过滤，并将其释放进国际传播场域，试图强化的是"争吵的共产党中国"形象；对新中国大众传媒的定义是"传递态度的工具"。中情局对新中国大众传媒的"他者"叙事，是建立在共产主义传媒体制的基础上的，这种对于共产主义宣传的强调，是在二元区隔下自我建构所谓的"民主自由传媒体制"的基础。而其中共产主义宣传的工具属性是中情局为新中国大众传媒塑造的主导形象，例如在《日共与北京关系的分裂》中，《人民日报》等就是作为传递态度的工具发挥作用的。解密后的《日共与北京关系的分裂》是作为回溯性知识存在的，是对彼时新中国相关议题的诠释。《日共与北京关系的分裂》对新中国彼时对外交往状况的诠释，通过情报文本中的小标题可以窥得一斑，如"激烈的争吵"（bitter controversy）、"日共和中共的差异"（JCP-CCP Difference）、"日益扩大的分歧"（the widening split）、"中国对日共的经济制裁"（Chinese economic sanctions against the JCP）等。

# 本章小结

作为知识的情报和解密情报"既服务于权力，又受权力的支配"[①]。中情局对"中苏关系"知识的生产依然分为两个阶段，即情

---

① 潘成鑫. 国际政治中的知识、欲望与权力：中国崛起的西方叙事［M］. 张旗，译. 北京：社会科学文献出版社，2016：38.

报生产和情报解密。本章所探讨的是中情局在"中苏关系"知识的生产中所关涉到的"隐蔽的国际传播"问题。一是在情报生产中，中情局对作为信源的新中国大众传媒实施信息过滤的问题；二是探究信息过滤的结果，即两个阶段中所产生的知识所涉及的对新中国大众传媒和新中国内政和外交的定义问题。

中情局对新中国宣传的关注，在《硬目标分析》的情报生产中最突出的体现是进一步聚焦到了新中国大众传媒，后者成了《硬目标分析》的信源。这一节的分析运用了信源视野理论，从中情局对新中国大众传媒信息过滤的结果来看，经过强化认知和撕裂内容后，《人民日报》成了最重要信源，被剪裁信息与提取观点的《红旗》杂志等成了次重要信源。在对新中国大众传媒"被国际传播"影响因素的分析中，采用了信源视野理论中的信源偏好标准作为分析框架。新中国大众传媒的"被国际传播"受到了信息可得性和可及性（新中国大众传媒信息的搜集与获取）、内容质量与可用性（对新中国大众传媒的"分级"），以及用户特征和情境因素（"烟囱"问题与"时间压力"）五个方面的影响。其中"可得性和可及性"虽然是基础性因素，但并不与中情局对新中国大众传媒的选择呈正相关，内容质量与可用性、用户特征和情境因素这几方面对新中国大众传媒"被国际传播"的影响更大。从这一阶段的信息过滤所产生的知识结果来看，中情局从作用和内容两个方面定义了新中国大众传媒，在作用上继续强化其工具属性，在内容上将共产主义的"意识形态输出"与新中国大众传媒相捆绑。

在对中情局涉华知识生产的第二阶段即情报解密的信息过滤与知识生产的分析中，本章依然采用了中观层面的观察。通过对解密的《硬目标分析》总体篇目结构的分析，中情局试图利用回溯性知识将新中国内政和外交定义成"动荡的内政"与"争吵的外交"。中情局对于解密《硬目标分析》的说明"使公众更容易深入了解这一时期中央情报局在某些方面的分析思想"①，是在试图将情报解密塑造成中性的知识传播。从本质上讲，解密《硬目标分析》依然是美国将公开披露情报作为战略博弈工具的体现。《硬目标分析》作为"特定问题的综合知识库"的官方定位使得其知识性更加明显，从所关涉的知识点来看，《硬目标分析》的解密试图为国际传播场域的受众提供一套理解彼时新中国内政和外交的知识网络，形成了一个由意识形态、地缘政治和领袖崇拜等因素构成的网状结构的概念世界。《硬目标分析》的解密所建立起来的知识网络，是对其分析视角的输出，规定的是国际传播场域的受众理解新中国内政和外交的基本理路，从知识生产的结果来看即"动荡且争吵"的形象。

本章所选取的案例是编号为 ESAU33、生产时间为 1966 年 12月 28 日的《日共与北京关系的分裂》，这篇情报是中情局对新中国大众传媒工具化运用的代表。中情局通过日共党组织对新中国大众传媒从支持到禁止的态度转变、日共党报与新中国大众传媒从相互转载到相互不转载的行为变化、新中国大众传媒所刊载的内容三重维度来判断日共与中共关系的走向，强化了新中国大众传媒的工具形象及新中国外交的"争吵"形象。

---

① CIA. The CAESAR，POLO and ESAU papers：Cold War Era hard target analysis of Soviet and Chinese policy and decision making，1953 - 1973 ［M］. Washington：Government Printing Office，2013：1 - 36.

# 第四章｜"曲解"新中国国际传播

作为"中国与南方国家关系"知识的《中共在亚非拉》(1958—1972)

冷战期间，南方国家是社会主义与资本主义两种意识形态鏖战的前沿。中情局服务于美国全球战略，在南方国家议题上加强了涉华知识生产，此举成为所谓"中国威胁论"的作俑之始。

中情局的涉华知识生产是一个对新中国宣传逐渐聚焦的过程，这体现在中情局涉华宣传情报的类型变化上。新中国成立初期形成的《信息报告》等系列情报是在对新中国宣传泛化理解的基础上，将其作为涵盖了国家机器与大众传媒多重概念的情报工具，所生产的是关于新中国的"基础知识"；20世纪50年代后期形成的《硬目标分析》系列情报聚焦到了新中国的党报党刊即大众传媒上，并作为信源，建构了理解苏联影响下新中国内政和外交的知识网络。除此之外，还有一部分情报涉及的议题是新中国与南方国家的关系，在这部分情报中，中情局将新中国在南方国家的对外宣传作为了评估"中南关系"的依据。这部分情报并不是系列情报，但从情报生产机构来看，绝大部分是中情局情报分局在20世纪50年代后期至70年代生产的，是中情局以新中国国际传播作为信息过滤对象的集中体现，其中的信息过滤逻辑与知识生产结果为美国决策层提供了关于中国国际传播的早期定义，也为我们通过历史视野理解当前中国在美国等西方国家进行国际传播所面临的局面提供了现实路径。

中情局在生产"基础认知"和"中苏关系"知识的阶段就已经对新中国国际传播有所涉及。一方面，中情局对新中国宣传的"能力放大"同样应用到了新中国国际传播上，其目的依然是"塑造博弈能力强大的异质性国家"。通过对有影响力的菲律宾华人对美国反共政策态度的调查，中情局得出了"共产党拿下中国是宣传的胜利，而不是军事的胜利"① 的结论，认为新中国的对外宣传起到了很好的效果，且强调了美国国际传播的失误，"美国宣传的一个明

---

① 文档编号（FOIA）/ESDN（CREST）：CIA-RDP82-00457T014400340002-7

显的失败之处在于，它的传播来源经常可以追溯到美国<sup>①</sup>。中情局
对于新中国通过香港地区出版物进行的国际传播活动有着较高评
价："一般来说，大众倾向于忽略代表国家所做的宣传，因为它被
认为是来自受资助的传播机构，在香港地区，有一个很好的例证能
够支持这种判断，在那里，《大公报》和《文汇报》远超美国宣传
机器《今日美国》的影响力"<sup>②</sup>。另一方面，中情局"疏导"进来了
新中国国际传播的"行为"内容。在《硬目标分析》中，中情局列
举了"一位新华社驻伊拉克记者询问米高扬关于苏联和西方帝国主
义在亚非国家经济发展计划上的区别"<sup>③</sup>的例子，作为判断"中苏
在欠发达国家经济投资问题上存在争议"<sup>④</sup>的依据。

　　中国与第三世界国家的交往是本章所涉及经验材料的中心议
题，出于研究中情局对中国的研究的逻辑，用"南方"来指代第三
世界国家，将中国与南方国家的关系简称为"中南关系"。在 20
世纪五六十年代，传统的"南方""北方"概念出现，"在殖民地
解放运动风起云涌的背景下，一些摆脱殖民枷锁走上独立发展道
路的国家开始使用'南方'一词来表明发展中世界与工业化国家
代表的'北方'之间存在系统性不平等"<sup>⑤</sup>。本章所涉及的经验材
料是中情局对"共产党中国"与阿拉伯国家、东南亚国家、拉丁

---

① 文档编号（FOIA）/ESDN（CREST）：CIA-RDP82-00457T014400340002-7
② 同①.
③ 中情局解密情报：《中苏关于共产主义世界战略的争论（1959—1960）》
④ 同③.
⑤ 项昊宇. 西方大国为何突然关心"全球南方"？ ［EB/OL］.（2023－02－14）
［2023－02－16］. https：//www. ciis. org. cn/yjcg/sspl/202302/t20230214＿8863. html.

美洲国家以及非洲国家国际交往情况的研究报告，因为解密情报名称不一，为便于称呼，本章将其统称为《中共在亚非拉》。

# 一、"中南关系"情报的生产与新中国国际传播

从议题上看，"中南关系"情报涉及的是新中国与南方国家的国际交往情况，新中国的国际传播成为中情局评估中南关系的依据。中情局作为信息的把关人，将新中国国际传播的何种内容"疏导"进了情报文本中？对新中国国际传播的信息过滤是否与前两类情报生产遵从同样的逻辑？作为知识生产的结果，中情局在情报中又为新中国国际传播建构了何种拟态环境？以上是本节需要解决的问题。

## 外宣网络与工具取向：情报中的新中国国际传播

### （一）过滤的结果：中心-边缘结构的外宣网络

中情局对新中国国际传播的聚焦源于其对新中国国际合作的宣传分析，《中共在亚非拉》的生产是中情局以新中国国际传播为对象进行的信息过滤所带来的知识结果。新中国国际传播在中情局的情报文本中被冠以"外宣"功能，且呈现出了中心-边缘结构。"共产党中国的国际联系远远超越了国外的官方宣传所描述的范围，并正在使用许多手段来扩大这些联系"①。在中情局的叙事里，新中国

---

① 文档编号（FOIA）/ESDN（CREST）：CIA-RDP78-00915R000800120001-9

国际传播"似乎已超出其职责范围"①，作为"其他官方机构在政府的国际关系中发挥作用"②。伊曼纽尔·沃勒斯坦（Immanuel Wallerstein）在《现代世界体系》一书中提出了描述资本主义世界体系的中心-边缘结构③，作为被社会科学领域广泛应用的分析框架，中心-边缘结构也体现在中情局建构的新中国外宣网络之中。中情局的叙事将新中国国际传播的权力结构区隔成了明显的"中心"与"边缘"，前者指的是新华社、"北平电台"与《人民日报》等"高级别"④媒体，后者指的是被中情局称为"华而不实的中国宣传杂志"⑤的新中国面向全球出版的期刊。

1. 外宣网络的中心：新华社、"北平电台"与《人民日报》

在中心-边缘结构中，中心与边缘之间是一种不平等的关系，边缘被置于依附地位，中情局在情报文本中所建构的新中国外宣网络即形成了这样的结构状态，其中最突出的是新华社这一"外宣权力中心"。中情局在 1958 年 1 月的情报《共产党中国的国际合作和联系》中就将新华通讯社作为"在北京控制之下的，延伸到中国大陆地区之外的其他官方机构"⑥进行了详细的叙述。中情局的镜像

---

① 文档编号（FOIA）/ESDN（CREST）：CIA-RDP78-00915R000800120001-9
② 同①.
③ 沃勒斯坦. 现代世界体系：第 1 卷：16 世纪的资本主义农业和欧洲世界经济的起源［M］. 郭方，刘新成，张文刚，译. 北京：社会科学文献出版社，2013：63 - 87.
④ 关于新中国大众传媒的"级别"问题，本书在第三章中有所讨论。新中国大众传媒"被国际传播"的影响因素之一内容质量与可用性，是指新中国大众传媒的"级别"与信息含量影响到了中情局对新中国大众传媒的选择。中情局的这种行为同样适用于本章所讨论的内容。
⑤ 文档编号（FOIA）/ESDN（CREST）：CIA-RDP79-00927Ahp000060003-0
⑥ 同①.

思维问题在此时也体现了出来，新华社"与中国共产党政府的关系就像塔斯社与苏联政府的关系一样"①。中情局用了较大的篇幅来详述新华社在新中国国际传播中的作用：

> 新华社至少可以追溯到共产党的延安时代，现在已经发展成为共产主义世界关于亚洲事务的主要信息来源，其在欧洲和亚洲的所有主要城市都派驻了记者。到目前为止，还没有代表被派往西半球常驻，尽管有些人曾随各种代表团前往那里。

> 除了通过北平电台向共产主义中国各地的地方媒体广播新华社新闻中心的新闻外，新华社新闻中心的大部分每日文件还通过北平电台向东南亚广播，再从那里向更广泛的地区分发，不仅分发给中国共产党控制的媒体，还分发给当地的中文和本土报纸，利用这些材料进行宣传。新华社很可能也关注到了东南亚地区有较大影响力的非共产主义出版物，并翻译共产主义中国感兴趣的新闻和社论。②

新华社作为外交机构的延伸，成了整个外宣权力机构的运转中心。"除了向外界所明确公开的功能外，它也可能被用于其他活动"③，中情局遵循此种逻辑，通过新华社在南方国家的"行为"来判断新中国的外交意图。在 1965 年 9 月 17 日的情报《特别报告：共产主义中国和阿拉伯世界》中，中情局通过"新华社，北京主要的宣传传播机构，在 9 个阿拉伯国家设有办事处，虽然没有证据表

---

① 文档编号（FOIA）/ESDN（CREST）：CIA-RDP78-00915R000800120001-9
② 同①.
③ 同①.

明这些努力产生了很大的影响"①，判断"一段时间以来，中国共产党人一直在进行相当广泛的外交、宣传和秘密努力，以扩大他们在中东和非洲阿拉伯国家的影响。在这里，中国显然希望逐渐削弱和消除西方和苏联的影响，并鼓励对共产主义中国友好的激进民族主义政权的发展"②。

　　新华社在南方国家所设办事机构的运转情况，也是中情局判断新中国与相关国家关系的依据。访问科威特的中国"友好与经济"代表团，"讨论扩大经贸关系的问题，而且代表团成员获得了新华社常驻记者的资格"③，中情局据此判断"科威特更接近于与北京建立外交关系"④。1966 年 4 月 1 日的情报《北京在印尼的挫折》中，"三个中国领事馆和新华通讯社办公室被关闭"⑤ 成为中情局判断两国关系恶化的"进程不可能轻易逆转"⑥ 的依据。《中共在亚非拉》描绘出了新中国与南方国家建立的地缘政治网络，新华社在这个地缘政治网络中的延伸被中情局作为判断中南关系的事实依据。判断新中国在拉丁美洲的外交意图时，新华社在当地的办事机构成为新中国"对拉丁美洲有极大兴趣的表现"⑦，"四名中国记者在哈瓦那开设了新华通讯社办事处，并访问了其他拉美国家首都，为他们开

---

① 文档编号（FOIA）/ESDN（CREST）：CIA-RDP79-00927Ahp000060003-0
② 同①.
③ 同①.
④ 同①.
⑤ 文档编号（FOIA）/ESDN（CREST）：CIA-RDP79-00927A005200080002-7
⑥ 同⑤.
⑦ 文档编号（FOIA）/ESDN（CREST）：CIA-RDP78-00915R001100040006-9

展报道工作招聘记者"①。对于新中国在非洲的外交意图，中情局判断"北平在非洲的最终目标是在亲中国的当地共产党组织的领导下建立共产主义政权"②，新中国为此付出了巨大的"努力"且取得了良好成效，其表现之一就是"新华社，北平主要的宣传传播机构，目前在15个非洲国家设有办事处，同时还拥有众多有用且往往很有影响力的当地特约记者"③。与此同时，"新华社驻肯尼亚首席代表被要求离职"④，也是中情局判断中肯之间"不断恶化的局势"的依据。

在《硬目标分析》中，作为"中国共产党机关报"的《人民日报》是最重要信源，这体现了新中国大众传媒的"级别"对于中情局信息过滤的影响。《人民日报》虽然并不是专事国际传播的大众传媒，但在中情局构建的中心-边缘结构的外宣网络中，其因能直接传递新中国的态度而居于中心。中情局通过《人民日报》给予拉丁美洲的版面来判断新中国对拉丁美洲的意图，指出"拉丁美洲事务经常在《人民日报》的'外国'版面上得到讨论，其中古巴局势是一个特别受欢迎的话题"⑤。艾森豪威尔总统访问南美诸国时，《人民日报》"在对拉丁美洲事件的评论中持续使用恶毒的语气，轻蔑地讨论1903年'不平等'和被'强加'的《美巴条约》"⑥，中情

---

① 文档编号（FOIA）/ESDN（CREST）：CIA-RDP80-01445R000100180001-8
② 文档编号（FOIA）/ESDN（CREST）：CIA-RDP79T00472A000700020040
③ 同①.
④ 文档编号（FOIA）/ESDN（CREST）：CIA-RDP79T00472A000800010012-7
⑤ 同①.
⑥ 同①.

局据此判断"在共产主义中国对拉丁美洲事务和华盛顿与其西半球邻国关系的解释中，对美国的攻击没有缓和"①。对于"文化大革命"之后，"中国试图修复与朝鲜之间关系"②的努力，中情局也在《人民日报》的社论中找到了证据，"7 月 8 日的一篇社论体现了中国似乎对在没有外力干涉的情况下统一朝鲜半岛的条款感到满意"③。

在中情局所建构的新中国外宣网络中，除了作为权力中心的新华社，广播媒体也因为其线性播出的特征被特别关注。中情局将中央人民广播电台的广播时长（以及语种）作为衡量新中国对南方国家宣传投入的标准，以数据支撑其对新中国外交意图的判断。在 1957 年 12 月 3 日的情报《共产党中国在亚洲非共产党国家中的角色》中，中情局做出了"共产主义中国在亚洲非共产主义国家中已经产生了强大的影响，在今后几年里这种影响可能会逐渐提升"的判断，作为其依据之一的宣传证据也来自中央人民广播电台。在对比了 1955 年以来中央人民广播电台对亚洲非共产主义国家的广播时长后，中情局认为"北平宣传广播的时长翻了一番，目前用英语、西班牙语、汉语和其他各种亚洲语言制作节目"④，新中国在亚洲非共产主义国家中的强大影响是"共产主义中国在整个亚洲的宣传努力"⑤的结果。1960 年 2 月 26 日的情报《中国共产主义和拉

---

① 文档编号（FOIA）/ESDN（CREST）：CIA-RDP80-01445R000100180001-8
② 文档编号（FOIA）/ESDN（CREST）：CIA-RDP85T00875R011100140013-7
③ 同②.
④ 文档编号（FOIA）/ESDN（CREST）：CIA-RDP98-0097oR000400480001-5
⑤ 同④.

美》提到中央人民广播电台"每周向该地区播放 21 个小时的西班牙语广播节目，显示出了中国共产党对拉丁美洲的兴趣"①；到了 1965 年 4 月 30 日的情报《中国共产党在拉美的活动》中，中情局根据"北平每周用西班牙语和葡萄牙语广播超过 35 个小时"②，判断"中国共产党的宣传正以越来越多的数量涌入拉丁美洲"③。中央人民广播电台的广播情况也是中情局衡量新中国对非洲宣传投入时的依据，在 1965 年 4 月 30 日的情报《中共在非洲》中，中情局对时长与语种数据进行了对比，"中国人现在每周向非洲发送 100 多个小时的广播宣传，而三年前只有 50 个小时左右。语种包括英语、法语、阿拉伯语、粤语、葡萄牙语、斯瓦希里语和豪萨语。粤语广播面向东非地区的 4 万多名海外华人，其中约一半人居住在印度洋上的小岛毛里求斯"④，依此做出了"除了寻找亲密的政治朋友和革命盟友外，北平正在继续努力与尽可能多的新非洲国家发展外交、经济和文化关系"⑤ 的判断。

2. 被边缘化的对外期刊：《中国建设》等

"为了在英美等西方国家扩大影响，1950 年 1 月，国际新闻局创办了《人民中国》英文版，是新中国成立后的第一份对外期刊。1952 年 1 月，另一份对外期刊《中国建设》英文版正式创刊，体现

---

① 文档编号（FOIA）/ESDN（CREST）：CIA-RDP80-01445R000100180001-8
② 文档编号（FOIA）/ESDN（CREST）：CIA-RDP79T00472A000700020038-9
③ 同②.
④ 文档编号（FOIA）/ESDN（CREST）：CIA-RDP79T00472A000700020040
⑤ 同④.

出鲜明的民间身份。"① 20 世纪 50 年代，新中国已经创办了 10 余
种对外期刊，但在中情局所建构的中心-边缘结构的外宣网络中，
对外期刊被置于边缘位置。"中国的宣传通过广播、小册子和期刊
定期进入阿拉伯国家。《中国画报》《中国建设》等'华而不实'的
期刊都用阿拉伯文印刷"②，这代表了中情局对于新中国对外期刊的
轻视态度。从中情局将新中国国际传播作为信息过滤对象的角度来
看，其所谓的"华而不实"指的是无法从中获得可以为其宣传分析
所用的信息，这与中情局生产《硬目标分析》时的信息过滤采用了
同样的逻辑。虽然新中国对外期刊的可及性最强，但中情局的信息
过滤考量的是工具性质，可及性位列其次，有鉴于此，新中国大众
传媒的"级别"才是最重要的影响因素。"级别"最高的大众传媒
代表着新中国的"态度"，更加容易成为宣传分析的工具。因此，
专事国际传播的对外期刊在外宣网络中反而被边缘化了。

　　"中心-边缘"不是对立的两极结构，而是一个连续体（contin-
uum），中心与边缘的位置会发生变化。随着"宣传刊物的发行量
迅速上升"③，对外期刊在中情局的宣传分析工作中也逐渐受到了
重视。"1960 年 1 月 1 日，中国共产党开始出版其宣传期刊《中
国建设》的西班牙语版，该杂志在巴西、哥伦比亚、智利、墨西
哥、秘鲁、乌拉圭和委内瑞拉的经销商均接受订阅。在整个拉美

---

① 　姚遥. 新中国对外宣传史：建构现代中国的国际话语权［M］. 北京：清华大学
出版社，2014：91.
② 　文档编号（FOIA）/ESDN（CREST）：CIA-RDP79-00927Ahp000060003-0
③ 　文档编号（FOIA）/ESDN（CREST）：CIA-RDP80-01445R000100180001-8

地区的报纸上，都出现了呼吁人们关注中国共产党出版物的广告"①。

## （二）工具论取向的过滤逻辑：以媒介功能为核心的考量

在中情局涉华宣传情报生产的信息过滤阶段，无论过滤的对象是广义的新中国宣传，还是新中国大众传媒，抑或是本章所涉及的新中国国际传播，中情局始终遵循着工具论②的取向，这里所言的"工具"有多个层面的意涵。

一方面，在共产主义与反共产主义的二元框架下，中情局认为共产主义国家的宣传能够作为一种强大的情报工具加以利用，成为其宣传分析的工具。这就涉及在前一章中所言及的影响新中国大众传媒"被国际传播"的内容质量与可用性因素，即是否有足够多的信息内容。例如，中情局通过分析中国面向拉丁美洲的西班牙语广播，推导出新中国试图通过对外宣传在拉丁美洲提高影响力，并且归纳出了其宣传手段的特点，"中国共产党每周向拉丁美洲广播21个小时，在内容上，除了颂扬共产党中国的成就外，还会报道美帝国主义及其对拉丁美洲的剥削"。这些节目的一个共同点是带有强烈的反美色彩，并且都遵循着一个模式："对一位拉美游客的采访录音；热情报道对工厂、学校和公社的访问；赞扬快乐、友好的中国人民；谴责美帝国主义；呼吁外交承认并加入联合国；对加强贸

---

① 文档编号（FOIA）/ESDN（CREST）：CIA-RDP80-01445R000100180001-8
② 孙婧．媒介化：共识、分野与中国语境下的研究路径［J］．新闻界，2022（12）：75-90.

易和文化关系所能带来的好处的预测。"①

　　另一方面，在中情局看来，共产主义传媒体制下的大众传媒是"国家和党的工具"②，是社会主义政权的意识形态工具，体现了共产主义国家的"能力和意图"。在判断新中国与缅甸的关系时，中情局根据"去年3月在中缅边境建立的北平电台被秘密的缅甸人民之声（Voice of the Burmese Peoples）取代，成为反奈温宣传的渠道，而中国官方媒体很少关注缅甸共产党人的活动"③，推导出"新中国在减少对缅甸共产党的支持，并期望与缅甸政府改善关系"④。

　　新中国国际传播是否是"共产党中国"态度的直接体现，决定着其在信息过滤过程中是否被"疏导"或"排斥"，新中国的对外期刊就因为不是"党的机关刊物"而被中情局认为"华而不实"。

　　一言以蔽之，中情局的工具论有一套自己的逻辑——以媒介的功能为核心考量，以作为共产主义国家意识形态工具的大众传媒能否有效地在其宣传分析工作中作为情报分析工具为标准进行信息过滤。中情局的信息过滤可以理解为中情局作为把关人，遵循工具论对新中国的大众传媒进行传播控制，新中国大众传媒的双重工具性越强，其"被国际传播"的可能性越大。

## 知识生产的结果："他者"视角下的新中国国际传播

　　以民族国家为主要行为主体的国际传播"带有明显的政治倾向

---

① 文档编号（FOIA）/ESDN（CREST）：CIA-RDP80-01445R000100180001-8
② 西伯特，彼得森，施拉姆. 传媒的四种理论［M］. 戴鑫，译. 展江，校. 北京：中国人民大学出版社，2008：108.
③ 文档编号（FOIA）/ESDN（CREST）：CIA-RDP79M00098A000200150002-2
④ 同③.

性和意识形态色彩"①。虽然各行为主体的传播体制、价值观念不尽相同,但其国际传播遵循的基本价值趋向同质化,主要为了实现与国家利益高度关联的传播目的。即便如此,中情局仍然试图将新中国国际传播在共产主义与反共产主义的二元框架下进行区隔,将新中国国际传播定义成"external propaganda"(对外宣传),而不是一般意义上的"international dissemination"(国际传播)。美国决策层借此形成的对新中国国际传播的认知惯性,直到当前仍在延续,且为满足美国国内两党的政治需要而被不断强化。

## (一)红色外交的延伸:对国家机器的强化

中情局在关于新中国国际传播的叙事中采用了强化官方机构的策略。"这些机构在政府的国际关系中发挥作用……新华通讯社、中国保险公司、民安保险公司以及民航局的国际业务,都在北平的控制之下"②,当前海外社交媒体对中国媒体账号进行的"中国政府所属媒体"(China state-affiliated media)标记就是对这种强化官方机构逻辑的延续。

《中共在亚非拉》以新中国与南方国家的关系为核心议题,中情局此时进行的宣传分析的目的是判别新中国的外交"意图"以及新中国与南方国家的关系。从工具论出发,新中国国际传播作为评估新中国外交的工具被中情局过滤,进入情报文本的部分以"红色外交的延伸"的面貌出现,"1960 年 9 月在哈瓦那建立的中国共产党大使馆仍然是北平在西半球唯一的外交使团。除了在古巴的分

---

① 程曼丽. 信息全球化时代的国际传播 [J]. 国际新闻界,2000 (4):17-21.
② 文档编号 (FOIA)/ESDN (CREST):CIA-RDP78-00915R000800120001-9

社，新华社只在墨西哥和智利派驻了中国官员，在其他地方则由当地招募的特约记者做代表"①。这与西方学界对新中国外宣的认识是一致的：中国的对外宣传，或者说外宣，是由两个独立的官僚体系组织起来的，一个是宣传体系，另一个是外事体系。②

**（二）是宣传不是传播：弱化大众传媒属性**

中情局继续强化新中国对外宣传所具有的宣传和外交的双重性，弱化大众传媒属性。"与人民外交紧密相连的是共产主义中国在整个亚洲的宣传努力"③，新中国外宣网络所发挥的作用"似乎超出其新闻职责"④。尤其是新华社，中情局在很大程度上将其塑造为中国外交机构的延伸。虽然西方世界当前对中国国际传播仍存有基于意识形态和"他者"叙事的各种偏见，但至少承认"中国共产党一直致力于利用对外宣传来塑造中国的国家形象"⑤，这是中国国际传播大众传媒属性的体现。但《中共在亚非拉》是缺乏这一理解的。作为当前美国对中国国际传播所谓"大外宣"（grand external propaganda）叙事的早期形态，中情局在《中共在亚非拉》中构建的新中国中心-边缘结构的外宣网络，将新中国国际传播抽离出大众传媒，定义成统治和意识形态的延伸，弱化了新中国外宣网络

---

① 文档编号（FOIA）/ESDN（CREST）：CIA-RDP79T00472A000700020038-9
② WANG C Y. Changing strategies and mixed agendas：contradiction and fragmentation within China's external propaganda [J]. Journal of Contemporary China，2022，32（142）：1-16.
③ 文档编号（FOIA）/ESDN（CREST）：CIA-RDP98-00970R000400480001-5
④ 文档编号（FOIA）/ESDN（CREST）：CIA-RDP78-00915R000800120001-9
⑤ TSAI W H. Enabling China's voice to be heard by the world：ideas and operations of the Chinese Communist Party's external propaganda system [J]. Problems of Post-Communism，2017，64（3-4）：203-213.

"塑造国家形象"这一大众传媒属性的作用，不断强化"意识形态输出"这一宣传属性。

# 二、"中南关系"情报的"隐蔽的国际传播" 与对中国的叙事优势

《中共在亚非拉》情报的密级大部分为"机密"，情报的解密时间集中在 21 世纪初，新中国与南方国家的关系是《中共在亚非拉》的总体议题。

《中共在亚非拉》的解密是中情局涉华知识生产的第二阶段，中情局将中南关系这部分回溯性知识释放至国际传播场域，是因为其与当前中国的全球经济扩张和地缘政治安全具有时空关联性。一方面，从彼时来讲，中南关系是中美关系正常化前中国在"苏联集团"国家之外的主要外交指向与地缘政治空间；另一方面，从现时来看，"南方国家"是中国作为全球第二大经济体的重要利益延伸，是西方国家"中国威胁论"叙事的重要场域。前者所关涉的是中情局所建构的以"渗透"非共产主义的亚非拉国家为目的的新中国外宣格局，后者所关涉的是通过公开披露情报建立起的叙事优势，以历史途径合理化美国等西方国家当前对中国的指责。

## 红色中国"渗透"亚非拉：对新中国国际传播的隐蔽传播

《中共在亚非拉》以强化地理概念的方式规定了新中国对外宣

传所涉及的空间结构即地理格局，但同时强化了共产主义这一意识形态。解密的《中共在亚非拉》面向的是国际传播场域的受众，是西方中心主义视角下对新中国在"苏联集团"以外国际事务的理解，建构的是新中国对外宣传的地理格局，也是中情局涉华知识生产中对回溯性知识的进一步聚焦。

从中观层面对《中共在亚非拉》进行分析，可以厘清"他者"叙事下新中国国际传播的地理格局。除了 2005 年 1 月解密的《特别报告：共产主义中国和阿拉伯世界》采用了"阿拉伯世界"这一文化概念外，《中共在亚非拉》中其他的解密情报均用地理概念来规定新中国与南方国家的关系范围，基于此种逻辑形塑的新中国对外宣传地理格局，是中情局将新中国国际传播定义为"强国家利益关联性"的体现。

另外，《中共在亚非拉》也通过强化共产主义这一意识形态，突出新中国国际传播与"共产主义革命输出"的关联，以作为意识形态概念的共产主义对作为地理概念的亚非拉的传播，塑造了"共产主义中国"对非共产主义的民族国家进行"渗透"的形象，这符合西方世界一贯的对"共产主义革命输出"的恐惧心理。

从解密的《中共在亚非拉》的篇目结构来看，所涉及的亚非拉国家总体上被描述为"欠发达"（less developed）和"非共产主义"（non-communist）的。中情局在解密情报中将新中国与亚洲国家的交往框定在了非共产主义的东南亚国家，并做出判断："共产主义的中国对非共产主义的亚洲已经有了强大的影响，在今后几年里，除非中国内部发生严重的危机，或者世界形势发生重大变化，又或者妨碍北平野心的因素显著增加，否则这种影响可能会逐渐增强。"①

非共产主义的东南亚国家是新中国对外宣传地理格局的一部分，"近年来，北平的宣传一直避免批评亚洲中立国或它们的国内政策，并试图将对共产主义中国在亚洲的最终意图的担忧降至最低"②。中情局将新中国对外宣传定义为"共产主义意识形态的渗透"，这与 NSC-5612/1 号文件《美国在东南亚大陆的政策》③ 相呼应。

解密的《中共在亚非拉》将非洲这一大的地理概念作为"共产党中国"发展对外关系的对象，新中国的目的被描述成"在当前和短期内，中国人正在努力消除或削弱亲西方者和亲苏联者的影响，并扶植对共产党中国友好的激进民族主义政权的成长"④，而此时新中国对于非洲的宣传"在竭力附和这样的说法：北平是非洲最好的朋友，对非洲问题有着充分的了解，对外国剥削有着共同的经历"⑤。

从地缘政治来讲，拉丁美洲长期被美国视为"后院"，因此在《中共在亚非拉》中，新中国与拉美关系占据了较大比例，这说明中情局重视新中国与拉美关系的情报价值，但更重要的是其通过对新中国与拉美关系情报的集中解密，开展"共产党中国"对所谓美

---

① 文档编号（FOIA）/ESDN（CREST）：CIA-RDP98-0097oR000400480001-5

② 同①.

③ 1956 年 4 月，美国国家安全委员会以防止多米诺骨牌效应在东南亚出现为目的制定的政策文件，被称为"美国渗入东南亚和巩固对中国的强硬路线的转折点"。

④ 文档编号（FOIA）/ESDN（CREST）：CIA-RDP79T00472A000700020040

⑤ 同④.

国势力范围进行早期渗透的历史叙事，"中国共产党对拉丁美洲十分关注。其经常把该地区的人民与亚洲和非洲的人民联系起来，认为他们都是受到帝国主义剥削和压迫的处境相似的受害者，中国共产党的主要动机是削弱美国在这一地区安全领域的地位"①。

## 对"中国威胁论"的合理化：建立针对中国的叙事优势

中情局涉华知识生产的第二阶段，是将彼时生产的情报在此时有选择地释放至国际传播场域，从中情局对《中共在亚非拉》的信息过滤结果来看，其规定了新中国对外宣传所涉及的空间结构即地理格局，塑造了"共产主义中国"对非共产主义的民族国家进行"渗透"的形象。彼时中南关系这一议题与此时中国的全球经济扩张和地缘政治安全有着极强的时空关联性，由此可见，《中共在亚非拉》的解密是中情局将公开披露情报作为博弈工具的体现，目的是建立针对中国的叙事优势，为当前的"中国威胁论"等叙事提供历史合理性。

作为以民族国家为主要行为体，且与国家利益高度关联的传播现象，国际传播在相当程度上是作为一国的对外政策工具而存在的。在国际传播主要媒介从大众传媒转向平台化媒介之后，作为博弈工具的公开披露情报不再囿于情报学的范畴，而与国际传播有了日益加深的缠绕，其中最为主要的结合点就是通过公开披

---

① 文档编号（FOIA）/ESDN（CREST）：CIA-RDP80-01445R000100180001-8

露情报在国际传播场域建立叙事优势。俄乌冲突爆发后,"有目的地披露机密情报和评估,以此作为外交政策的工具"① 成为常态。

叙事优势(narrative superiority)② 是英国学者休·迪伦(Huw Dylan)和托马斯·J. 马奎尔(Thomas J. Maguire)在分析俄乌冲突中的秘密情报和公共外交问题时提出的概念。"英国和美国情报部门主导的披露发生了变化,从揭示俄罗斯的军事能力和意图,到更详细地披露克里姆林宫寻找借口的努力。这种转变也可能是由于西方官员的主要目标发生了变化,从寻求阻止俄罗斯,到危机升级时建立叙事优势。"③ 通过解密情报建立的叙事优势,旨在通过释放至国际传播场域的内容削弱对手的权威,使得"那些愿意倾听的乌克兰人、欧洲人和全球观众可以毫不怀疑,莫斯科说的是一回事,做的又是另一回事"④。

为建立叙事优势而公开披露的情报与当前局势间需要有较强的时空关联性,即解密情报与现实具有强联系。虽然《中共在亚非拉》的生产时间距今已逾半个世纪,但通过对其的解密所形成的"东南亚、非洲、拉丁美洲"的地理格局和对新中国国际传播的定

---

① RIEMER O, SOBELMAN D. Coercive disclosure: the weaponization of public intelligence revelation in international relations [J]. Contemporary Security Policy, 2023: 1-32.

② DYLAN H, MAGUIRE T J. Secret intelligence and public diplomacy in the Ukraine war [M] //IISS. Survival: August-September 2022. London: Routledge, 2022: 33-74.

③ 同②.

④ 同②.

义"共产主义对非共产主义国家的意识形态渗透",与作为全球第
二大经济体的中国的经济利益和地缘政治利益具有高度关联性,对
《中共在亚非拉》有选择的披露,使美国具备了建立叙事优势的可
能。"中国以投资为名义为非洲和拉丁美洲国家制造债务陷阱",
"通过胁迫和恐吓来支持其在南海的领土主张,霸凌东南亚国家",
这是美国在美国等西方国家主导的国际传播场域当中对中国与上述
三个地区关系的定义。美国试图利用经过过滤的《中共在亚非拉》
建立叙事优势,将解密的《中共在亚非拉》作为一种历史依据,支
撑其当前对中国在东南亚、非洲、拉丁美洲政策的指责,为"中国
威胁论"制造合理性。

# 三、案例:《共产党在欠发达国家的文化和宣传活动》

## 解构《共产党在欠发达国家的文化和宣传活动》

《共产党在欠发达国家的文化和宣传活动》(Communist Cultur-
al and Propaganda Activities in the Less Developed Countries,简称
《欠发达国家的活动》)是中情局情报分局研究和报告办公室
(ORR)在 1966 年 1 月生产的,密级为"机密",情报类型为"情
报报告"。根据情报中标记的"中情局历史审查小组消毒后开放,
1998"(CIA Historical Review Program Release as Sanitized,1998)
来判断,这是中情局历史审查计划较早解密的情报。但是,《欠发
达国家的活动》与《硬目标分析》一样,并没有文档编号,中情局

的文档编号是解密情报在中情局解密档案搜索工具中的编号，在中情局向互联网开放解密情报检索之前，"用户只能通过位于马里兰州大学公园市（College Park）的国家档案馆计算机终端访问CREST"①，《欠发达国家的活动》与《硬目标分析》都缺少文档编号，意味着二者都没有在 CREST 的检索范围内。

《欠发达国家的活动》主要"讨论了苏联和共产主义中国在欠发达国家的文化和宣传活动"，"主要目标是亚洲国家，但最近这些活动数量增长最快的是非洲，在非洲和亚洲，诸如印度、马里和加纳等国家，这些活动可能会得到维持和扩大"。共产主义国家的宣传活动涉及"将对这些国家的广播时间从 1955 年的每周 550 个小时增加到 1964 年的每周 2 268 个小时；出版了数百万册图书和许多期刊，在欠发达国家发行；向 50 多个欠发达国家派驻新闻代表，签署了 30 多份通讯社协议；在欠发达国家举办电影放映和展览；向新闻媒体和文化设施提供 6 000 多万美元的经济援助"，中情局认为这些文化和宣传项目"自 20 世纪 50 年代中期以来，在欠发达国家得到了极大的发展，已经取得了足够的成功"。但中情局也意识到了苏联和"共产主义中国"之间在欠发达国家的竞争"将对共产主义文化和宣传项目的数量与内容产生重要影响，导致苏联和中国共产主义在欠发达国家的文化和宣传活动迅速扩张"。

《欠发达国家的活动》剖析了"共产党中国"在国外负责开展文化和宣传活动的组织结构。"中国共产党的宣传部指导一切文化、

---

① AFTERGOOD S. CIA will place its CREST database online [EB/OL]. (2016-10-27) [2023-01-15]. https://fas.org/blogs/secrecy/2016/10/crest-to-go-online/.

出版、文学和教育活动。在政府层面，国务院文化教育办公室协调文化教育部、新华社和广播管理局的活动"①。中情局通过国际广播、对外期刊和新华社来评估新中国对欠发达国家的宣传，广播线性播出的属性及其所具有的可测度、可数据化的特点又发挥了作用。中情局对比了 1955 年以来的广播时长，发现"1964 年共产主义中国和东欧国家的国际广播时长约为 1955 年的 4.5 倍，北平电台对欠发达国家的广播使用包括阿拉伯语、豪萨语在内的 19 种语言"。在对新中国国际广播的内容分析上，在与苏联的国际广播进行对比后，中情局做出了判断："相比之下，中国共产党的广播在反对联合国、美国政策，以及苏联与西方的友谊方面就不那么克制，甚至有些强硬了。中国共产党强调了亚非团结、军事友谊、反帝国主义和革命等主题。"在对 1961—1964 年共产党国家向外国发行的期刊的统计中，中国的数据为 1961 年 19 种、1962 年 16 种、1963 年 18 种、1964 年 18 种，"许多欠发达国家允许大量的共产主义出版物的发行，而另一些国家禁止进口和传播任何共产主义出版物"，尤其是"公开宣传颠覆和革命的文学作品通常会被政府没收"，中情局在这里列举了《北京周报》因为支持游击战和革命而被尼日利亚封禁的例子。对于新华社模仿苏联塔斯社缔结的通讯社协议，中情局认为"这是共产主义中国在欠发达国家开展活动的主要方式之一"，"新华社工作人员活跃在 30 多个欠发达国家，非洲近年来受到了新华社越来越多的关注。1965 年，中国计划在中非共和国、毛里塔尼亚、摩洛哥、塞内加尔和突尼斯开设新的办事

① 中情局解密情报：《共产党在欠发达国家的文化和宣传活动》

处，扩大新华社在非洲的机构设置规模"，另外"中国共产党积极支持亚非记者协会（AAJA）在北平建立新闻学院"。

## "工具化的外宣"：对新中国国际传播的定义

在话语实践上，中情局拒斥国际传播对新中国的适用性，因为国际传播是一个中性词汇，并无明显的意识形态倾向，不符合中情局的共产主义与反共产主义二元框架。从话语上，中情局将新中国国际传播一律书写为"对外宣传"，这一词语带有强烈的意识形态暗示。这种话语规律贯穿于《欠发达国家的活动》的情报文本之中。"共产主义国家的对外宣传活动，包含操纵大众传媒传播共产主义国家的信息和思想，这些活动可能包括广播、出版、新闻机构活动、电影放映和展览"，目的是为共产主义国家"争取尽可能多的支持，努力同欠发达国家建立密切的关系，也利用不满情绪通过其宣传工具鼓励推翻不友好的政权"。

中情局的工具取向，包含了其将新中国国际传播作为情报分析工具，以及将新中国国际传播作为"共产主义国家的统治和意识形态输出工具"，二者相互强化，最终通过情报文本为新中国国际传播形塑了一种工具化的形象。"共产党的新闻通讯社在欠发达国家的活动产生了各种各样的影响。一些共产主义新闻记者，特别是新华社的记者，被指控从事颠覆活动。1965 年 7 月，肯尼亚出于国家安全利益驱逐了新华社驻肯尼亚记者。"《欠发达国家的活动》是中情局对新中国国际传播"工具化外宣"定义的典型。

# 本章小结

作为"中南关系"知识的《中共在亚非拉》，是本书所论及的中情局涉华知识生产议题的最后一部分。"中南关系"所涉及的知识内容更加聚焦，信息过滤对象更加明确，其知识结果与当前的时空关联度也更强。本章依然遵循了中情局涉华知识生产的两个阶段——情报生产和情报解密，来分析中情局涉华知识生产中"隐蔽的国际传播"问题。

在《中共在亚非拉》的情报生产阶段，中情局通过对新中国国际传播的宣传分析来评估新中国与南方国家的关系，因此新中国的国际传播成了信息过滤的对象。从信息过滤的结果来看，情报文本中的新中国国际传播以中心-边缘结构的外宣网络形态呈现。新华社、中央人民广播电台与《人民日报》位于外宣网络的中心，《中国建设》等对外期刊在情报文本中被边缘化了。这是中情局遵循工具论取向，即以媒介功能为核心考量的过滤逻辑所造成的结果，这里的"工具"被中情局赋予了两重含义，一方面指的是共产主义国家的宣传被其作为宣传分析的工具，另一方面是将共产主义国家宣传定位为统治和意识形态工具。这一阶段的知识生产所造成的结果是对新中国国际传播进行了"他者"视角下的定义，中情局通过强化国家机器属性和弱化大众传媒属性，将新中国国际传播定义成红色外交的延伸和一种"宣传"。

在《中共在亚非拉》的情报解密阶段，中情局将这部分回溯性知识释放至国际传播场域。解密的《中共在亚非拉》通过强化地理概念的方式规定了新中国对外宣传所涉及的空间结构即地理格局，同时也强化了"共产主义"这一意识形态概念，产生了"共产主义中国对非共产主义的亚非拉国家的渗透"的信息过滤结果。"中南关系"这一阶段的知识生产结果与其他议题稍显不同，回溯性的知识与此时中国的全球经济和地缘政治利益有着极高的时空关联度，使得对《中共在亚非拉》的解密成为美国建立针对中国的叙事优势，最终将"中国威胁论"合理化的历史途径。

本章的案例选用的情报文本是《欠发达国家的活动》，这篇情报讨论的是"苏联和共产主义中国在欠发达国家的文化和宣传活动"，本章主要对其中与新中国国际传播相关的内容进行了分析。中情局通过国际传播、对外期刊和新华社等三方面来评估新中国在欠发达国家的宣传情况，认为"这是共产主义中国在欠发达国家开展活动的主要方式"。这份情报是中情局对新中国国际传播做出工具化外宣定义的典型。

# 总结与延伸

    美国中情局的涉华知识生产，根源于"东方学"式的唯我独尊，在冷战条件下趋于极端，发展为建制化的"隐蔽的国际传播"，其余波至今未已。

总结与延伸

# 一、涉华知识生产两阶段的传播学回顾

本书的研究对象是中情局解密情报（1949—1972），所研究的问题是中情局涉华知识生产中"隐蔽的国际传播"问题。在对经验材料进行理论思考的过程中，寻找到了"知识"这一传播学与情报学两门学科的接合点，将情报学通过知识社会学与传播学"桥接"起来，以探讨国际传播中的"过滤"问题。

作为西方国家涉华知识生产的非主流叙事，面对已经获取到的近1 000份解密情报，如何从中寻找到一般规律并建构研究框架，是研究能否深入的关键。本书从情报学的核心概念"知识"入手，从解密情报中提炼出三大知识议题，即"基础认知""中苏关系"和"中南关系"，以之作为总体框架。从情报区别于一般信息的隐蔽性出发，厘清了其两个阶段的传播形态，即"秘密"的情报和"公开"的解密情报。情报的生产和解密是中情局涉华知识生产的两个阶段。

第一个阶段所生产的是面向情报用户（美国决策层）的知识，是新中国宣传"被国际传播"的过程，对新中国宣传的定义是这一阶段所形成的知识结果。中情局涉华宣传情报的生产，源于其自第二次世界大战就开始的宣传分析工作。本书回顾了中情局宣传分析工作的历史沿革，梳理了其现实影响因素即"共产主义国家的封闭性"，剖析了中情局对宣传分析功能的认知即"了解苏联集团的工具"。

第二阶段所生产的是面向国际传播场域受众的知识，是将中情局所生产的关于新中国的回溯性知识释放至国际传播场域的过程，对彼时新中国历史议题的定义是这一阶段所形成的知识结果。中情局情报解密的起点是中情局历史审查计划，但公开披露情报作为战略博弈工具的另一属性也对中情局的情报解密造成了影响。在中情局涉华知识生产的两个阶段中，中情局都是以传播学中的把关人身份出现的，两个阶段都涉及"信息过滤"的问题，这里的"过滤"也就是文中所言的"隐蔽"。中情局涉华知识生产的第一阶段是以新中国宣传为对象进行的信息过滤，也就是新中国宣传的"被国际传播"；在第二阶段中，被过滤的对象是前一阶段中生产出的情报，这一阶段的过滤就是将情报有选择地释放至国际传播场域的过程。对这两个阶段中信息过滤的逻辑和结果，以及知识生产的结果的分析，都是"隐蔽的国际传播"所要厘清的核心问题。为了提高研究结论的理论饱和度，在综合运用框架理论分析法、文献分析法和历史分析法之外，本书也结合了案例分析法，对三种知识议题所牵涉的三类情报中具有代表性的情报进行了案例分析，以期能够对现有的研究给予支撑。

## 二、涉华知识生产的议题框架与国际传播逻辑

中情局涉华知识生产的议题框架是由"基础认知""中苏关系"和"中南关系"三方面组成的。从秘密到公开，即情报生产和情报解密，是大的知识议题，也是中情局涉华知识生产的两个阶段。在

这个议题框架之下讨论两个阶段的信息过滤与知识生产，就是在厘清"隐蔽的国际传播"的核心问题。

作为"基础知识"的《信息报告》等（1949—1954）聚焦于新中国宣传。在情报生产阶段对新中国宣传的信息过滤结果，在情报文本中以国家机器（党的宣传部、宣传网、宣传战）与大众传媒（管理体制、类型结构与国际传播）两种形态呈现。在对信息过滤逻辑，也就是新中国宣传"被国际传播"的影响因素的分析上，得出了过载信息（新中国宣传信息的非规律性提取）与放大能力（塑造博弈能力强大的异质性国家）是中情局对新中国宣传进行过滤时的标尺的结论。第一阶段知识生产所带来的知识结果是向美国决策层建构了认知新中国与新中国宣传的基本议题框架。在对作为"他者"的"共产主义中国"的定义上，中情局建构了由政治工具的宣传、中国社会和集体主义组成的"共产主义政权"内政议题框架，以及由中苏关系的分裂、地区秩序的变量和反美主义组成的作为"苏联集团"成员的新中国的外交议题框架。中情局涉华知识生产的第二阶段即情报解密阶段所生产的知识是一种回溯性知识，通过以今时今刻的社会现实理解既往的知识内容，来建构起共和国史的"他者"叙事。这一阶段的信息过滤结果是解密了100余份《外国文件和广播信息》和近60份《信息报告》，前者涉及对新中国大众传媒中"政治""工农业""宣传工作""政治运动""反美亲苏"五大类内容的摘录，后者涉及的是中情局从对内和对外两个角度对新中国宣传的分析。这一阶段所形成的知识结果是对共和国史的"他者"定义，通过有选择地解密情报，中情局试图从身份（红色中国

"建政"而非"新中国成立")与形象(红色中国"反美且输出意识形态")两个方面定义共和国史。

　　作为"中苏关系"知识的《硬目标分析》(1956—1972)聚焦于新中国大众传媒。在第一阶段,即情报生产阶段,新中国大众传媒作为信源被过滤,形成了被强化认知及撕裂内容的《人民日报》作为最重要信源,被剪裁信息与提取观点的《红旗》杂志等作为次重要信源的过滤结果。信息视野理论是思考本章新中国大众传媒"被国际传播"影响因素(信息过滤的逻辑)的视角。按照信源偏好标准的理解,有效性和可及性(新中国大众传媒的搜集与获取)、内容质量与可用性(新中国大众传媒的级别与信息含量)、用户特征和情境因素("烟囱"问题与时间压力)是新中国大众传媒"被国际传播"的影响因素。这一阶段知识生产的结果是定义了新中国大众传媒,正如托马斯·L. 麦克费尔在《全球传播:理论、利益相关者和趋势》中的评价,"1949 年中华人民共和国成立。直到 20 世纪 70 年代中期,中国媒体一直与外界完全隔离。当时的媒体主要作为意识形态工具,为共产党的政治需求服务"[①],通过信息过滤,中情局在作用(继续强化"工具"属性)和内容(与"意识形态输出"的捆绑)两个维度上对新中国大众传媒进行了定义。第二阶段即情报解密阶段。中情局情报分局中苏研究小组成立后所生产的以"共产党中国政治"为研究对象的 POLO 项目解密了 36 篇情报,以"中苏关系"为研究对象的 ESAU 项目解密了 56 篇情报

---

① 麦克费尔. 全球传播:理论、利益相关者和趋势 [M]. 张丽萍,译. 北京:中国传媒大学出版社,2016:285.

（与中国相关的有 33 篇），情报生产时间集中于 1959—1972 年（仅有两篇评估报告在 1973 年生产）。解密的《硬目标分析》形成了苏联影响下的新中国"内政"（动荡）和"外交"（争吵）的议题结构。《硬目标分析》的解密所造成的知识后果是中情局试图为国际传播场域的受众提供一套理解彼时新中国内政和外交的知识网络。

作为"中南关系"知识的《中共在亚非拉》（1958—1972）聚焦于新中国国际传播。在情报生产阶段，中情局通过信息过滤建构出了中心-边缘结构的外宣网络，以新华社、中央人民广播电台与《人民日报》为中心，将《中国建设》等对外期刊置于边缘地带。这是受工具论取向的过滤逻辑影响的结果：一方面，在共产主义与反共产主义二元框架下，共产主义国家的宣传被认为能够作为一种强大的情报工具加以利用，成为中情局宣传分析的工具；另一方面，在中情局看来，共产主义传媒体制下的大众传媒是"国家和党的工具"①，是社会主义政权的意识形态工具。这一阶段的知识生产结果是对新中国国际传播国家机器属性的强化和对其大众传媒属性的弱化。在情报解密阶段，解密的《中共在亚非拉》通过强化地理概念的方式规定了新中国对外宣传所涉及的空间结构即地理格局，同时也强化了"共产主义"这一意识形态概念，塑造了共产主义中国对非共产主义的民族国家进行"渗透"的形象。因为"中南关系"议题与当时中国的全球经济利益延伸和地缘政治安全有着极强的时空关联性，《中共在亚非拉》的解密是中情局将公开披露情

---

① 西伯特，彼得森，施拉姆.传媒的四种理论［M］.戴鑫，译.展江，校.北京：中国人民大学出版社，2008：108.

作为博弈工具的体现，目的是建立针对中国的叙事优势，为当前的"中国威胁论"等叙事提供历史合理性。

通过在上述知识议题框架下的分析，"隐蔽的国际传播"的三大核心问题，即遮蔽的内容（信息过滤的结果）、遮蔽的逻辑（"被国际传播"的影响因素）、遮蔽的结果（作为知识结果的"定义"）得以厘清。"隐蔽的国际传播"是中情局以共产主义与反共产主义二元框架为基本遵循，以对新中国宣传的工具性使用和工具性理解为逻辑，以生产涉华"知识"为目标的传播过程。其中所体现的意识形态、价值观念和叙事策略是美国"妖魔化"中国早期形态的体现。

# 三、研究展望

"讲好中国故事"不应止于对"中国版中国故事"的传播，而应同时解构"西方版中国故事"。爱德华·萨义德在《东方学》一书中说："东方曾经呈现出（现在仍然呈现出）诸多不同的面目：语言学的东方、弗洛伊德的东方、斯宾格勒的东方、达尔文的东方、种族主义的东方等。然而，却从来不存在一个纯粹的、绝对的东方。"[①] 中国并不在萨义德所言的"东方"范围内，但仍然以"被表述"的状态存在。这源于西方世界在知识生产领域对中国的定义。

本书力图寻找西方国家对中国知识生产主流叙事之外的"灰色地带"并加以解构，发现作为非主流叙事的中情局的涉华知识生产

---

① 萨义德. 东方学 [M]. 王宇根，译. 北京：生活·读书·新知三联书店，1999：30.

与美国等西方国家在国际传播场域对中国的定义有着惊人的一致。国际传播场域西方版中国故事的存在，是我们讲好中国故事，即开展中国版中国故事的国际传播时的最大障碍。从"知识"的角度解构西方版中国故事就是对西方涉华知识生产的解构，从权力的基本来源角度理解西方国家对中国的定义权。对中情局涉华知识生产的观照，就是对西方版中国故事生成与作用机理的解析，即中情局如何调用自身已有的文化资源，在美国的社会文化语境中对来自中国的信息进行重构。在建构意义的时候，其自身已有的文化资源如何起到决定性的作用，是本书尝试更深一步思考的问题。

因为学术水平与写作时间的原因，本书还有很多地方存在缺陷，例如对史料把握不扎实、没有对解密情报与国际传播的关联进行更深的理论思考等。同时，中情局的解密情报中还有一部分名为《双周宣传指导》的资料，其在议题类型与内容上与《硬目标分析》存在一定的重合，因而没有被纳入本书的分析范围。笔者希望在接下来的研究中，能够对中情局涉华宣传情报有更深入的思考。

# 参考文献

**一、著作类**

陈卫星．传播的观念［M］．北京：人民出版社，2004．

陶文钊．中美关系史：1949—1972：中卷［M］．上海：上海人民出版社，2004．

于英红．美国对华政策与美国国内政治：1941～1950［M］．北京：社会科学文献出版社，2017．

张小明．冷战及其遗产［M］．上海：上海人民出版社，1998．

沈志华，梁志．窥视中国：美国情报机构眼中的红色对手［M］．上海：东方出版中心，2011．

沈志华，杨奎松．美国对华情报解密档案：1948—1976［M］．上海：东方出版中心，2009．

许静．大跃进运动中的政治传播［M］．香港：香港社会科学出版社有限公司，2004．

姚遥．新中国对外宣传史：建构现代中国的国际话语权［M］．北京：清华大学出版社，2014．

张少书．朋友还是敌人？：1948—1972年的美国、中国和苏联［M］．顾

参考文献

宁，刘凡，李皓，译．北京：中央编译出版社，2014.

张薇．国家安全情报研究［M］．北京：金城出版社，2021.

中共中央宣传部．中国共产党宣传工作简史［M］．北京：人民出版社，2022.

中共中央宣传部办公厅，中央档案馆编研部．中国共产党宣传工作文献选编：1949—1956［M］．北京：学习出版社，1996.

中央档案馆．中央档案馆藏美军观察组档案汇编［M］．排印版．上海：上海远东出版社，2018.

邓树明．传播研究方法与论文写作：对180篇文章的观察［M］．北京：中国人民大学出版社，2021.

董璐．传播学核心理论与概念［M］．北京：北京大学出版社，2008.

华东师范大学国际冷战史研究中心．冷战国际史研究：18［M］．北京：世界知识出版社，2014.

李金铨．传播纵横：历史脉络与全球视野［M］．北京：社会科学文献出版社，2019.

李景龙．美国情报分析理论发展研究［M］．北京：军事科学出版社，2014.

李智．国际传播［M］．2版．北京：中国人民大学出版社，2020.

刘海龙．宣传：观念、话语及其正当化［M］．2版．北京：中国大百科全书出版社，2020.

吕彤邻，杨冬权．美军驻延安观察组成员文件集［M］．上海：上海远东出版社，2019.

任孟山．国际传播与国家主权：传播全球化研究［M］．上海：上海交通大学出版社，2011.

舒建中．美国隐蔽行动研究［M］．北京：中国社会科学出版社，2022.

213

张杨. 文化冷战：美国的青年领袖项目：1947—1989［M］. 北京：中国社会科学出版社，2020.

罗杰斯. 传播学史：一种传记式的方法［M］. 殷晓蓉，译. 上海：上海译文出版社，2012.

赫尔曼，乔姆斯基. 制造共识：大众传媒的政治经济学［M］. 邵红松，译. 北京：北京大学出版社，2011.

萨义德. 报道伊斯兰［M］. 阎纪宇，译. 上海：上海译文出版社，2009.

鲁宾. 帝国权威的档案：帝国、文化与冷战［M］. 言予馨，译. 北京：商务印书馆，2014.

史密斯，等. 宣传、传播和舆论指南［M］. 王海，胡帆，宋长青，译. 广州：中山大学出版社，2008.

屠苏. 国际传播：沿袭与流变：第 3 版［M］. 胡春阳，姚朵仪，译. 上海：复旦大学出版社，2022.

温伯格. 知识的边界［M］. 胡泳，高美，译. 太原：山西人民出版社，2014.

费正清. 美国与中国：第 4 版［M］. 张理京，译. 北京：世界知识出版社，1999.

费正清. 伟大的中国革命：1800—1985［M］. 刘尊棋，译. 北京：世界知识出版社，2000.

桑德斯. 文化冷战与中央情报局［M］. 曹大鹏，译. 北京：国际文化出版公司，2020.

西伯特，彼得森，施拉姆. 传媒的四种理论［M］. 戴鑫，译. 展江，校. 北京：中国人民大学出版社，2008.

拉斯韦尔. 世界大战中的宣传技巧［M］. 张洁，田青，译. 展江，校. 北京：中国人民大学出版社，2003.

福特纳 . 国际传播："地球都市"的历史、冲突与控制［M］. 刘利群，译 . 北京：华夏出版社，2000.

洛文塔尔，克拉克 . 情报搜集的五大科目［M］. 孟林，译 . 北京：金城出版社，2021.

洛文塔尔 . 情报：从秘密到政策［M］. 杜效坤，译 . 北京：金城出版社，2015.

马特拉 . 传播的世界化［M］. 朱振明，译 . 北京：中国传媒大学出版社，2007.

萨马迪 . 国际传播理论前沿［M］. 吴飞，黄超，译 . 北京：中国传媒大学出版社，2016.

潘成鑫 . 国际政治中的知识、欲望与权力：中国崛起的西方叙事［M］. 张旗，译 . 北京：社会科学文献出版社，2016.

麦克费尔 . 全球传播：理论、利益相关者和趋势［M］. 张丽萍，译 . 北京：中国传媒大学出版社，2016.

沃勒斯坦 . 现代世界体系：第 1 卷：16 世纪的资本主义农业和欧洲世界经济的起源［M］. 郭方，刘新成，张文刚，译 . 北京：社会科学文献出版社，2013.

霍耶尔 . 情报分析心理学［M］. 张魁，朱里克，译 . 北京：金城出版社，2015.

辛普森 . 胁迫之术：心理战与美国传播研究的兴起：1945—1960［M］. 王维佳，刘扬，李杰琼，译 . 上海：华东师范大学出版社，2017.

加迪斯 . 长和平：冷战史考察［M］. 潘亚玲，译 . 上海：上海人民出版社，2011.

福柯 . 惩罚的社会：1972—1973［M］. 陈雪杰，译 . 上海：上海人民出版社，2018.

福柯．规训与惩罚：监狱的诞生［M］．刘北成，杨远婴，译．北京：生活·读书·新知三联书店，1999.

福柯．性经验史［M］．佘碧平，译．上海：上海人民出版社，2016.

**二、期刊类**

陈薇．作为知识生产的国家话语：国际传播中的知识理性与主体性认同［J］．南京社会科学，2021（9）：110 - 119.

程曼丽．信息全球化时代的国际传播［J］．国际新闻界，2000（4）：17 - 21.

程映虹．塑造"新人"：苏联、中国和古巴共产党革命的比较研究［J］．当代中国研究，2005（3）：72 - 91.

翟强．国际学术界对冷战时期美国宣传战的研究［J］．历史研究，2014（3）：155 - 169.

范佛山．《群众》周刊在香港时期的斗争策略［J］．群众，2022（2）：65 - 66.

何薇．1947—1949年国共在香港的宣传争夺战：以《群众》周刊为考察中心［J］．党的文献，2018（1）：86 - 91.

黄纯元．传播学和情报学［J］．情报学刊，1983（4）：19 - 21.

刘春燕．对情报学中知识的认识［J］．情报资料工作，2010（4）：30 - 32.

刘海龙．作为知识的传播：传播研究的知识之维刍议［J］．现代出版，2020（4）：23 - 31.

彭修义．情报、知识、信息与图书情报工作［J］．图书馆学研究，1983（4）：5 - 9.

齐鹏飞．新中国成立后中共"暂时不动香港"战略出台始末［J］．党史博采（纪实），2007（13）：5.

任孟山，陈强．"五位一体"与"中国版中国故事"：中国国际传播的象征框架［J］．现代出版，2022（3）：21 - 29.

沈志华．美国中央情报局眼中的中国：冷战时期美对华情报评估综合性文件概述［J］. 史学月刊，2009（1）：79-98.

王佳鹏. 知识的起源、碰撞与综合：曼海姆的知识传播思想及其贡献
［J］. 国际新闻界，2021，43（7）：80-98.

王迎胜. 苏联解密档案著作传统媒介出版状况探析［J］. 黑龙江档案，
2016（5）：54.

谢建. 竞争情报的知识属性［J］. 现代情报，2006（2）：19-22.

杨奎松. 新中国"镇压反革命"运动研究［J］. 史学月刊，2006（1）：45-61.

袁光锋，刘朝璞. 定义"群众"：《乌合之众》在中国传播的知识社会学考
察［J］. 新闻与传播研究，2022，29（1）：48-65，127.

张帆. 以公开披露情报为武器：乌克兰危机期间拜登政府对情报的另类
使用及其战略逻辑［J］. 美国研究，2022，36（5）：25-48，5-6.

张家年. 情报融合中心：美国情报共享实践及启示［J］. 图书情报工作，
2015，59（13）：87-95.

张锦. 图书情报学引进传播学理论述评［J］. 图书与情报，1999（2）：23-26.

周庆安. 制度构建与话语探索：从解密档案分析我国外交部门早期对外政
治传播形态与特点：1949—1965［J］. 北大新闻与传播评论，2014：187-198.

朱至刚. 试析建国初期宣传网的建立和撤销：以党的组织力量为考察背
景［J］. 现代传播（中国传媒大学学报），2012，34（11）：37-42.

平野孝治. 试论新中国成立初期宣传网的建设及宣传工作［J］. 爱知大学
国际问题研究所纪要，2010（11）：119-139.

孙婧. 媒介化：共识、分野与中国语境下的研究路径［J］. 新闻界，2022
（12）：75-90.

赵继珂. 美国中情局涉华宣传情报档案评介［J］. 中共党史研究，2021
（3）：153-159.

三、英文文献

CIA. The CAESAR, POLO and ESAU papers：Cold War Era hard target analysis of Soviet and Chinese policy and decision making, 1953 – 1973 [M]. Washington: Government Printing Office, 2013: 1 – 36.

TULUŞ A. Trends in Communist propaganda: a CIA investigation from 1970 [J]. Eminak: Scientific Quarterly Journal, 2021, 4 (36): 160 – 170.

BERGIN B. Claire Lee Chennault and the problem of intelligence in China [J]. Studies in Intelligence, 2010, 54 (2): 1 – 10.

BERGIN B. The Dixie Mission 1944: the first US intelligence encounter with the Chinese Communists [J]. Studies in Intelligence, 2019, 63 (3): 11 – 30.

FENN C. At the Dragons Gate: with the OSS in the Far East: intelligence in recent public literature [J]. Studies in Intelligence, 2006, 50 (2): 23 – 26.

CIA. History [EB/OL]. (2013 – 1 – 23) [2022 – 11 – 28]. https: //web. archive. org/web/20130430083353/https: //www. cia. gov/offices-of-cia/intelligence-analysis/history. html.

NOBLE D L. A US naval intelligence mission to China in the 1930s: operations in another time [J]. Studies in Intelligence, 2006, 50 (2): 36 – 42.

CHAMBERS D I. The past and present state of Chinese intelligence historiography [J]. Studies in Intelligence, 2012, 56 (3): 31 – 46.

DYLAN H, MAGUIRE T J. Secret intelligence and public diplomacy in the Ukraine war [M] //IISS. Survival: August-September 2022. London: Routledge, 2022: 33 – 74.

JEFFREYS-JONES R, ANDREW C. Eternal vigilance?: 50 years of the CIA [M]. London: Frank Cass & Company Ltd. , 1997.

WESTERFIELD H B. Inside CIA's private world: declassified articles from the agency's internal journal, 1955 – 1992 [M]. New Haven: Yale University Press, 1995.

SPEIER H. The communication of hidden meaning [J]. Social Research, 1977, 44 (3): 471 - 501.

HARRINGTON J. Intelligence disclosures in the Ukraine Crisis and beyond [J]. War on the Rocks, 2022, 1.

KERBEL J. Thinking straight: cognitive bias in the US debate about China [J]. Studies in Intelligence, 2004, 48 (3): 27 - 35.

LEETARU K. The scope of FBIS and BBC open-source media coverage, 1979 - 2008 [J]. Studies in Intelligence, 2010, 54 (1): 17 - 37.

DYLAN H, GIOE D V, GOODMAN M S. The CIA and the pursuit of security: history, documents and contexts [M]. Edinburgh: Edinburgh University Press, 2020.

MCCARTHY E D. Knowledge as culture: the new sociology of knowledge [M]. London and New York: Routledge, 1996.

MCDONALD J K. Commentary on "History Declassified" [J]. Diplomatic History, 1994, 18 (4): 627 - 634.

DUJMOVIC N. Extraordinary fidelity: two CIA prisoners in China, 1952—73 [J]. Studies in Intelligence, 2006, 50 (4): 26 - 56.

SMITH I C, LANHAM N W. Historical dictionary of Chinese intelligence [J]. Studies in Intelligence, 2012, 56 (4): 21 - 24.

WANG P, TONG T W, KOH C P. An integrated model of knowledge transfer from MNC parent to China subsidiary [J]. Journal of World Business, 2004 (39): 168 - 182

SAWYER R D. Traditional Chinese conceptions and approaches to secrecy, denial, and obfuscation [J]. Studies in Intelligence, 2020, 64 (1): 1 - 12.

RANELAGH J. The agency: the rise and decline of the CIA [M]. New

York: Touchstone, 1987.

RIEMER O, SOBELMAN D. Coercive disclosure: the weaponization of public intelligence revelation in international relations [J]. Contemporary Security Policy, 2023: 1 – 32.

KEHOE R R. From Europe to China: an OSS veterans reflections [J]. Studies in Intelligence, 2017, 61 (3): 17 – 30.

SAVOLAINEN R. Information source horizons and source preferences of environmental activists: a social phenomenological approach [J]. Journal of the American Society for Information Science and Technology, 2007, 58 (12): 1709 – 1719.

AFTERGOOD S. CIA will place its CREST database online [EB/OL]. (2016 – 10 – 27) [2023 – 01 – 15]. https: //fas. org/blogs/secrecy/2016/10/crest-to-go-online/.

AFTERGOOD S. Secrecy and accountability in U. S. intelligence [EB/OL]. (1996 – 10 – 09) [2022 – 12 – 16]. https: //sgp. fas. org/cipsecr. html.

HUTCHINGS R L. Tracking the dragon: national intelligence estimates on China during the era of Mao, 1948 – 1976 [M]. Washington: Central Intelligence Agency, 2004.

MORRIS T. Achieving complete intelligence from violent extremist communications: integrating the propaganda analysis nexus [J]. Journal of Policing, Intelligence and Counter Terrorism, 2016, 11 (1): 1 – 13.

Terms & definitions of interest for counterintelligence professionals [EB/OL]. (2014 – 06 – 09) [2024 – 07 – 06]. https: //irp. fas. org/eprint/ci-glossary. pdf.

WANG C Y. Changing strategies and mixed agendas: contradiction and fragmentation within China's external propaganda [J]. Journal of Contemporary

China，2022，32（142）：1-16.

WEINER T. Legacy of ashes：the history of the CIA［M］. New York：Anchor，2008.

KARABEL Z，NAFTALI T. History declassified：the perils and promise of CIA documents［J］. Diplomatic History，1994，18（4）：615-626.

TSAI W H. Enabling China's voice to be heard by the world：ideas and operations of the Chinese Communist Party's external propaganda system［J］. Problems of Post-Communism，2017，64（3-4）：203-213.

**四、学位论文**

宋涛. 冷战初期美国中央情报局研究：1947—1961［D］. 长春：东北师范大学，2009.

张民军. 透过"竹幕"看中国：中情局对中国内政的情报评估：1950—1965年［D］. 上海：华东师范大学，2007.

肖丽平. 农村电子商务知识传播网络结构形态及其运行效率研究［D］. 上海：华中师范大学，2020.

吕卫文. 知识生产的"社会—认知"分析［D］. 武汉：华中科技大学，2009.

**五、网络文献**

张一，吴倩倩. 提升中国共产党执政形象的国际传播力［EB/OL］.（2018-06-04）［2022-12-15］. http：//www. qstheory. cn/dukan/hqwg/2018-06/04/c_1122933914. htm.

李斌. 新中国成立初期宣传思想工作的主要成就与经验［EB/OL］.（2021-11-24）［2022-12-10］. http：//www. xinhuanet. com/politics/2021-11/24/c_1128094388. htm.

GALE. "美国解密档案在线"保密级别定义［EB/OL］.（2022-01-01）

［2023－01－16］. https：//www. gale. com/binaries/content/assets/gale-zh/pri-mary-sources/gps-brochures-in-chinese/usddo ＿ classification ＿ cn-202201. pdf.

项昊宇. 西方大国为何突然关心"全球南方"？ ［EB/OL］.（2023－02－14）
［2023－02－16］. https：//www. ciis. org. cn/yjcg/sspl/202302/t20230214 ＿
8863. html.

# 附录 1  中情局涉华宣传解密情报索引

## 一、"宣传分析"的工作性文件

| 序号 | 情报生产时间及中英文标题 | 文档编号（FOIA）/ESDN（CREST） |
|---|---|---|
| 1 | NATIONAL PSYCHOLOGICAL WARFARE PLANNING PART 1 ANALYSIS OF MAJOR CATAGORIES AND REQUIREMENTS | CIA-RDP80-01065A000500130070-2 |
| 2 | COMPARISON OF SOVIET AND VOA RADIO PROPAGANDA | CIA-RDP78-04864A000200020003-4 |
| 3 | COMMUNIST PROPAGANDA | CIA-RDP78-03362A000500130001-9 |
| 4 | PROGRESS REPORT TO THE NATIONAL SECURITY COUNCIL ON IMPLEMENTATION OF THE RECOMMENDATION OF THE JACKSON COMMITTEE REPORT | CIA-RDP80-01065A000600150008-8 |
| 5 | OVERALL REQUIREMENTS FOR PROPAGANDA ANALYSIS | CIA-RDP61S00750A000600050006-3 |

续前表

| 序号 | 情报生产时间及中英文标题 | 文档编号（FOIA）/ESDN（CREST） |
|---|---|---|
| 6 | SURVEY OF U. S. INFORMATION AGENCY'S INTELLIGENCE NEEDS | 无 |
| 7 | OCI COMMENTS ON ANALYSIS OF FOREIGN RADIO PROPAGANDA | CIA-RDP91T01172R000400030001-5 |
| 8 | FDD PROGRAM ON COMMU-NIST CHINA | CIA-RDP78-03130A000100030059-8 |
| 9 | MINUTES OF THE FORTY-FIFTH MEETING OF SUBCOMMITTEE ON EXPLOITATION OF FOREIGN LANGUAGE PUBLICATIONS | CIA-RDP78-03130A000100030086-8 |
| 10 | INSPECTOR GENERAL'S QUES-TIONS CONCERNING PROPAGAN-DA ANALYSIS AND OCI'S MEMO, 'PROPAGANDA HIGHLIGHTS | CIA-RDP62-0109R000100060028-2 |
| 11 | BRIEF FOR U. S. INFORMATION A-GENCY MEMBERSHIP IN THE IAC | CIA-RDP61-00549R000100230002-8 |
| 12 | LETTER OF INSTRUCTION | CIA-RDP83-00586R000300150007-8 |
| 13 | LETTER OF INSTRUCTION | CIA-RDP83-00586R000300160008-6 |
| 14 | ANALYSIS OF BLOC RADIO BROAD-CASTS, NEWSPAPAERS, AND PE-RIODICALS | CIA-RDP82-00400R000300130002-8 |
| 15 | ANALYSIS OF BLOC RADIO AND PRESS PROPAGANDA | CIA-RDP61-0059R000300030001-5 |
| 16 | LETTER OF INSTRUCTION | CIA-RDP83-00586R000300160004-0 |

附录 1 中情局涉华宣传解密情报索引

续前表

| 序号 | 情报生产时间及中英文标题 | 文档编号 （FOIA）/ESDN （CREST） |
|---|---|---|
| 17 | CPR CLAIMS TO BE NEARING COMMUNISM THROUGH COMMUNES SEEDS OF IDEOLOGICAL DISCORD WITH MOSCOW | CIA-RDP78-02771R000300120007-6 |
| 18 | LETTER OFINSTRUCTION （ONE PART ONLY） | CIA-RDP83-00586R000300160002-2 |
| 19 | ADDRESS BY GENERAL C. P. CABELL DEPUTY DIRECTOR OF CENTRAL INTELLIGENCE TO THE NATIONAL SECURITY COMMISSION-COMMITTEE MEETINGS OF THE AMERIAN LEGION MINNEAPOLIS, MINNESOTA AUGUST 21, 1959 10 A. M. CST | CIA-RDP62S00545A000100090026-9 |
| 20 | PROPAGANDA ANALYSIS AND INDICATIONS OF HOSTILITIES | CIA-RDP80B01676R001100190009-3 |
| 21 | LETTER OF INSTRUCTION | CIA-RDP83-00400R000300190010-0 |
| 22 | ESTABLISHMENT OF PROPAGANDA INDICATIONS OF HOSTILITIES SECTION （Sanitized） | CIA-RDP79S01057A000200030009-6 |
| 23 | PRESS LOGOGRAPHS | CIA-RDP81-00770R000100030075-5 |
| 24 | LETTER OF INFORMATION | CIA-RDP81-00770R000100030075-5 |
| 25 | LETTER OF INFORMATION | CIA-RDP83-00586R000300230003-3 |
| 26 | ETTER OF INFORMATION | CIA-RDP83-00586R000300230002-4 |
| 27 | FILES ON COMMUNIST BLOC PROPAGANDA | CIA-RDP09-02295R000100120001-1 |

续前表

| 序号 | 情报生产时间及中英文标题 | 文档编号（FOIA）/ESDN（CREST） |
|---|---|---|
| 28 | ASSESSMENT OF FBIS | CIA-RDP80B01676R0004001500043-7 |
| 29 | LETTER OF INFORMATION | CIA-RDP83-00586R000300260012-0 |
| 30 | LETTER OF INFORMATION | CIA-RDP83-00586R000300260009-4 |
| 31 | LETTER OF INFORMATION | CIA-RDP83-00586R000300270010-1 |
| 32 | LETTER OF INFORMATION | CIA-RDP83-00586R000300270009-3 |
| 33 | SURVEY OF COMMUNIST PRO-PAGANDA | CIA-RDP85T00875R000300020005-8 |

## 二、对外广播和信息服务局《信息报告》

| 序号 | 情报生产时间及中英文标题 | 文档编号（FOIA）/ESDN（CREST） |
|---|---|---|
| 1 | POLITICAL INFORMATION DE-TAILS OF REPATRIATION OF SOVIET CITIZENS，TIENTSIN | CIA-RDP82-00457R000800680005-8 |
| 2 | POLITICAL INFORMATION SOVI-ET REPATRIATION BACKGROUND AND PROGRAM OF SELECTION | CIA-RDP82-00457R000800210007-7 |
| 3 | POLITICAL INFORMATION JAP-ANESE IN HARBIN | CIA-RDP82-00457R00300110007-3 |
| 4 | POLITICAL INFORMATION RUS-SIAN EMIGRANTS REMAINING IN CHINA PROPAGANDIZED BY SOVIET OFFICIALS | CIA-RDP82-00457R001000710006-0 |
| 5 | POLITICAL INFORMATION LU TING-YI AND THE CHINESE COMMUNIST PARTY PRESS | CIA-RDP82-00457R000400270010-1 |

续前表

| 序号 | 情报生产时间及中英文标题 | 文档编号 (FOIA)/ESDN (CREST) |
|---|---|---|
| 6 | POLITICAL INFORMATION SO-VIET-CHINESE COMMUNIST CO-OPERATION IN ANTI-AMERICAN PROPAGANDA ACTIVITIES | CIA-RDP82-00457R0021002000009-1 |
| 7 | POLITICAL INFORMATION CHI-NESE COMMUNIST PROPAGANDA IN HONG KONG | CIA-RDP82-00457R001801020008-5 |
| 8 | THE 25 YEARS OF THE CHI-NESE COMMUNISTY PARTY | CIA-RDP80-00926A000700030009-4 |
| 9 | POLITICAL INFORMATION CHI-NESE COMMUNIST PERSONAL-ITIES IN SOU-TH CHINA | CIA-RDP82-00457R0023000800010-1 |
| 10 | ACTIVITIES OF THECHINA STU-DENTS' UNION IN HONG KONG | CIA-RDP82-00457R002700410011-9 |
| 11 | CONDITIONS OF THE CHINESE COMMUNIST GOVERNMENT | CIA-RDP82-00457R003900090002-2 |
| 12 | COMMUNIST ORGANIZATIONS IN MACAO | CIA-RDP82-00457R004300490005-0 |
| 13 | CHINESE COMMUNIST PROPA-GANDA IN KOREA | CIA-RDP82-00457R004800470006-9 |
| 14 | PROPAGANDA AMONG COMMU-NIST TROOPS | CIA-RDP82-00457R004200350002-9 |
| 15 | COMMUNIST PROPAGANDA AND ORGANIZATION WORK IN CHI-NESE NAVY | CIA-RDP82-00457R004200380011-6 |

续前表

| 序号 | 情报生产时间及中英文标题 | 文档编号（FOIA)/ESDN（CREST) |
|---|---|---|
| 16 | STATEMENT OF DECISIONS OF THE CHINESE POLITBURO ON AMERICAN ANNOUNCEMENT TO ACT IN KOREA AND TAIWAN | CIA-RDP82-00457R005300600006-5 |
| 17 | CHINESE COMMUNIST WORLD PEACE PROTECTION PROPAGANDA GROUP | CIA-RDP82-00457R0055001000082-7 |
| 18 | DECISIONS AT HIGH-LEVEL CHINESE COMMUNIST CONFERENCE | CIA-RDP82-00457R005800450001-2 |
| 19 | CHINESE COMMUNIST CARTOONS AND MORAL PICTORIAL NARRATIVES | CIA-RDP83-00415R006200010007-4 |
| 20 | REVERSAL OF CHINESE COMMUNIST POLICY ON INTERVENTION IN KOREA | CIA-RDP82-00457R006200760004-0 |
| 21 | 1. PROPAGANDA IN CANTON REGARDING THE ATOM BOMB 2. ANXIETY IN CANTON ABOUT POSSIBLE UN ATTACK ON SOUTH CHINA | CIA-RDP82-00457R006300400003-9 |
| 22 | CHINESE COMMUNIST PARTY ORGANIZATION，FUKIEN | CIA-RDP82-00457R006700320001-6 |
| 23 | RELATIONSHIP BETWEEN NEW CHINA NEWS AGENCY AND TASS | CIA-RDP82-00457R007100410005-7 |

续前表

| 序号 | 情报生产时间及中英文标题 | 文档编号 （FOIA）/ESDN （CREST） |
|---|---|---|
| 24 | CONSIDERATION OF PROPAGANDA TECHNIQIES AT MEETING OF CHINESE COMMUNIST CULTURAL ASSOCIATION | CIA-RDP82-00457R007500070002-7 |
| 25 | 1. PROPAGANDA TRAINING FOR WOMEN IN KWANGTUNG 2. PROHIBITION ON EXPORT OF CHINA MAINLAND NEWSPAPERS | CIA-RDP82-00457R007800750009-2 |
| 26 | INDICATIONS OF MOBILIZATION FOR KOREAN WAR _ ATTITUDE OF PEOPLE TOWARD THE WAR | CIA-RDP80-00809A00050040079-3 |
| 27 | CHINESE COMMUNIST PROPAGANDA DIRECTIVE ON INTERNATIONAL PLANS | CIA-RDP82-00457R007900220003-2 |
| 28 | 1. KOREAN ACTIVITIES IN HONG KONG 2. POPULAR REACTION IN CHINA TO CHINESE SUPPORT OF NORTH KOREA | CIA-RDP82-00457R008000370006-1 |
| 29 | PROCEDURE FOR CHINESE LEAVING COMMUNIST CHINA FOR THE UNITED STATES | CIA-RDP83-00415R00910007000-2 |
| 30 | CHINESE COMMUNIST PROPAGANDA AND INFLATION，MANCHURIA | CIA-RDP82-00457R008900120002-3 |

续前表

| 序号 | 情报生产时间及中英文标题 | 文档编号 （FOIA）/ESDN （CREST） |
|---|---|---|
| 31 | CHINESE COMMUNIST TRAINING CENTERS IN PEIPING AND YUNNAN | CIA-RDP82-00457R009300360010-6 |
| 32 | CHINESE COMMUNIST OCCUPATION OF TIBET | CIA-RDP82-00457R009600330012-1 |
| 33 | ROSTER OF THE CENTRAL AND SOUTH CHINA BUREAU, CHINESE COMMUNIST PARTY | CIA-RDP82-00457R010000350002-4 |
| 34 | CHINESE COMMUNIST DISSEMINATION OF OFFICIAL INSTRUCTIONS | CIA-RDP82-00457R010000070005-2 |
| 35 | SPECIALIZED RUSSIAN LANGUAGE TRAINING IN CHINA | CIA-RDP82-00457R011100280009-3 |
| 36 | CHINESE COMMUNIST PARTY PLANS FOR 1952 | CIA-RDP82-00457R011200010009-1 |
| 37 | CHINESE COMMUNIST PARTY CONFERENCE IN NANNING | CIA-RDP82-00457R011300050006-9 |
| 38 | CHINESE COMMUNIST ECONOMIC PROPAGANDA MATERIAL | CIA-RDP83-00415R012400130001-8 |
| 39 | SOCIOLOGICAL; POLITICAL-CULTURAL AND PROPAGANDA AGENCIES | CIA-RDP80-00809A000600150200-2 |
| 40 | OPINIONS OF INFLUENTIAL PHILIPPINE CHINESE ON US POLICIES TOWARD ANTI-COMMUNIST NATIONS | CIA-RDP82-00457R014400340002-7 |

续前表

| 序号 | 情报生产时间及中英文标题 | 文档编号 (FOIA)/ESDN (CREST) |
|---|---|---|
| 41 | CHINESE COMMUNIST PROPAGANDA ORGANIZATION | CIA-RDP82-00457R015100160009-5 |
| 42 | ORGANIZATION OF THE SOUTH CHINA SUB-BUREAU OF THE CHINESE COMMUNIST PARTY | CIA-RDP82-00457R015400160009-9 |
| 43 | VULNERABILITIES OF PEOPLE'S GOVERNMENT POLICIES AND PROPAGANDA | CIA-RDP82-0047R000200210009-6 |
| 44 | CHINESE COMMUNIST EAST CHINA BUREAU | CIA-RDP82-00457R015700390007-3 |
| 45 | CHINESE UNIVERSITIES | CIA-RDP80-00809A000600030521-0 |
| 46 | CHINESE COMMUNIST REGIME IN SOUTHWESTERN SINKIANG PROVINCE | CIA-RDP80-00810A000700560010-2 |
| 47 | LIMITED REACTION TO EISENHOWER STATE OF THE UNION MESSAGE IN THE EAST CHINA AREA | CIA-RDP80-00810A000900370004-8 |
| 48 | CHINESE ORDER TO CARL ZEISS, JENA, FOR MOTION PICTURE PROJECTORS | CIA-RDP80-00810A001000630001-0 |
| 49 | CHINESE COMMUNIST PROPAGANDA LINE AND PROPOSED KOREAN TRUCE NEGOTIATIONS POLICIES | CIA-RDP80-00810A001700280007-6 |
| 50 | CHINESE COMMUNIST PROPAGANDA ON THE KOREAN TRUCE TALKS | CIA-RDP80-00810A001800320004-3 |

续前表

| 序号 | 情报生产时间及中英文标题 | 文档编号 (FOIA)/ESDN (CREST) |
|---|---|---|
| 51 | CHINESE COMMUNIST GOVERN-MENT PROPAGANDA EFFORTS AIMED AT OVERSEAS CHINESE | CIA-RDP80-00810A002100690009-4 |
| 52 | CHINESE COMMUNIST PARTY PROPAGANDA DOCUMENTS | CIA-RDP80-00810A003500700009-7 |
| 53 | CHINESE COMMUNIST PLANS FOR DISTRIBUTION OF BOOKS TO SOUTHEAST ASIA | CIA-RDP80-00810A003800220008-8 |
| 54 | TRANSMITTAL OF CHINESE COM-MUNIST PROPAGANDA LINES | CIA-RDP80-00810A004900230005-1 |
| 55 | CHINESE COMMUNIST PROPA-GANDA MEETINGS, CHEKI-ANG AND KIANGSU | CIA-RDP80-00810A005100350008-2 |
| 56 | RECEPTION OF VOA, BBC, AND AUSTRALIAN RADIO PRO-GRAM IN CHINA | CIA-RDP80-00810A005300980010-8 |
| 57 | PUBLICATIONS AND RADIOS IN HARBIN | CIA-RDP80-00926A007600430003-0 |
| 58 | CHINESE COMMUNIST PROPA-GANDA ON CAPTURED AMERI-CAN AIRMEN | CIA-RDP80-00810A005900240005-9 |
| 59 | CHINESE COMMUNIST PROPA-GANDA CAMPAIGN ABOUT JA-PANESE PEACE TREATY | CIA-RDP82-00457R007800200002-9 |

## 三、对外广播和信息服务局《外国文件和广播信息》

| 序号 | 情报生产时间及中英文标题 | 文档编号（FOIA）/ESDN（CREST） |
|---|---|---|
| 1 | TALKS ON THE LAND PROBLEM OF CHINA | CIA-RDP80-00809A000700110227-6 |
| 2 | CHINESE ANNOTATED BIBLI-OGRAPHY, ITEM 473 (ECO-NOMIC) | CIA-RDP80-00809A000700140206-6 |
| 3 | MEMBERS OF THE NORTHEAST PEOPLE'S GOVERNMENT COUN-CIL | CIA-RDP80-00809A000600290556-3 |
| 4 | CHINESE ANNOTATED BIBLI-OGRAPHY, ITEM 17 (ECO-NOMIC) | CIA-RDP80-00809A000700210296-6 |
| 5 | COMMUNIST GOVERNMENT NAMES MINOR OFFICIALS | CIA-RDP80-00809A000600300123-1 |
| 6 | OFFICIALS OF THE NORTHWEST MILITARY AND POLITICAL COUN-CIL AND SHENSI, KANSU, TSING-HAI, SINKIANG, AND NINGSIA PEOPLE'S GOVERNMENTS | CIA-RDP80-00809A000600280534-8 |
| 7 | THE ECONOMY OF NEW CHI-NA | CIA-RDP80-00809A000700120240-0 |
| 8 | RECRUIT MEMBERS FOR PROP-AGANDA CORPS | CIA-RDP80-00809A000600270132-5 |
| 9 | MEMBERS OF THE COMMIS-SION ON OVERSEAS CHINESE AFFAIRS OF THE CENTRAL PEOPLE'S GOVERNMENT | CIA-RDP80-00809A000600270048-9 |

续前表

| 序号 | 情报生产时间及中英文标题 | 文档编号 (FOIA)/ESDN (CREST) |
|---|---|---|
| 10 | CHINESE ANNOTATED BIBLIOGRAPHY，ITEM 478 | CIA-RDP80-00809A000700140211-0 |
| 11 | CHINESE ANNOTATED BIBLIOGRAPHY，ITEM 480（ECONOMIC） | CIA-RDP80-00809A000700140213-8 |
| 12 | ECONOMIC LABOR UNIONS | CIA-RDP80-00809A000600210618-3 |
| 13 | POLITICAL BIOGRAPHICAL | CIA-RDP80-00809A000600230586-7 |
| 14 | MILITARY | CIA-RDP80-00809A000600240335-3 |
| 15 | POLITICAL | CIA-RDP80-00809A000600240776-4 |
| 16 | EAST CHINA ANNOUNCES PROPAGANDA PROGRAM | CIA-RDP80-00809A000600260544-9 |
| 17 | SOME STATION CHARACTERISTICS OF ASIAN RADIOS FORMERLY MONITORED AT HAWAII | CIA-RDP78-04864A000100100046-8 |
| 18 | COMMUNIST AUTHORITIES IN NORTHEAST AND NORTH CHINA STEP UP DRIVE TO SMASH COUNTERREVOLUTIONARY ACTIVITY | CIA-RDP80-00809A000600380129-7 |
| 19 | QUESTIONS AND ANSWERS ON LABOR-UNION WORK（ENLARGED EDITION） | CIA-RDP80-00809A000700110429-2 |
| 20 | MINOR OFFICIALS OF THE EAST CHINA MILITARY AND POLITICAL COUNCIL | CIA-RDP80-00809A000600310521-8 |

续前表

| 序号 | 情报生产时间及中英文标题 | 文档编号 （FOIA）/ESDN （CREST） |
|---|---|---|
| 21 | MODEL WORKER CHAO KUO-YU | CIA-RDP80-00809A000700110428-3 |
| 22 | PEASANTS ORGANIZING AGAINST COMMUNISTS | CIA-RDP80-00809A000600290248-5 |
| 23 | CHINESE ANNOTATED BIBLIOG-RAPHY，ITEM 13 （ECONOMIC） | CIA-RDP80-00809A000700210292-0 |
| 24 | PROPAGANDA AND AGITATION IN PRODUCTION | CIA-RDP80-00809A000700120063-7 |
| 25 | CULTURAL LIFE OF PEASANTS AFTER LAND REFORM | CIA-RDP80-00809A000700110248-3 |
| 26 | OFFICIALS OF WU-HAN MUNICI-PAL PEOLPLE'S GOVERNMENT，MEMBERS OF CANTON PEOPLE'S GOVERNMENT COUNCIL | CIA-RDP80-00809A000600310324-7 |
| 27 | THE NEW LABOR ATTITUDE | CIA-RDP80-00809A000700110640-7 |
| 28 | SPREADING AND INTENSIFY-ING THE POLITICAL EDUCA-TION DRIVE IN CHINA | CIA-RDP80-00809A000700050219-2 |
| 29 | ORDER CHOLERA-PREVENTION MEASURES；SAYS SANITATION IN DAIREN SCHOOLS POOR | CIA-RDP80-00809A000600320296-8 |
| 30 | PRODUCTION：THE ROAD TO WEALTH | CIA-RDP80-00809A000700120060-0 |
| 31 | NAMES MEMBERS AND THEIR OFFICES OF CHINESE COMMU-NIST PARTY CENTRAL COM-MITTEE | CIA-RDP80-00809A000600330607-1 |

续前表

| 序号 | 情报生产时间及中英文标题 | 文档编号（FOIA）/ESDN（CREST） |
|---|---|---|
| 32 | COMMUNISTS FAN ANTI-US SENTIMENT | CIA-RDP80-00809A000600370385-4 |
| 33 | CHINESE STEP UP ANTI-US PROPAGANDA CAMPAIGN | CIA-RDP80-00809A000600370503-2 |
| 34 | CHINESE ANNOTATED BIBLIOGRAPHY，ITEM 417（ECONOMIC） | CIA-RDP80-00809A000700140016-7 |
| 35 | ORGANIZATION OF THE CHINESE COMMUNIST CENTRAL POLITICAL BUREAU | CIA-RDP80-00809A000600320783-7 |
| 36 | OFFICIALS OF THE EAST CHINA MILITARY AND POLITICAL COUNCIL | CIA-RDP80-00809A000600280387-2 |
| 37 | REPORTS THAT US BROADCASTS INFLUENCE CHINESE INTELLIGENTSIA TO QUESTION SOVIET MOTIVES | CIA-RDP80-00809A000600290492-4 |
| 38 | DIRECTIVE CALLS FOR INCREASED PROPAGANDA ACTIVITY | CIA-RDP80-00809A000600300284-3 |
| 39 | NORTHEAST TRAINS WORKERS AND CADRES；LABOR UNIONS CONTINUE EXPANSION PROGRAM | CIA-RDP80-00809A000600300052-0 |
| 40 | COMMENTS ON SINS AND SELF-CRITICISM OF PARTY MEMBER LI，TAX BUREAU CHIEF | CIA-RDP80-00809A000600300370-7 |

续前表

| 序号 | 情报生产时间及中英文标题 | 文档编号 (FOIA)/ESDN (CREST) |
|---|---|---|
| 41 | SOME STATION CHARACTER-ISTICS OF ASIAN RADIOS SANI-TIZED | CIA-RDP80-00809A000500730174-5 |
| 42 | PEIPING SEEKS OVERSEAS CHI-NESE SCHOOL PERIODICALS; SOERABAJA CHINESE PAPER RESUMES PUBLICATION | CIA-RDP80-00809A000600310241-9 |
| 43 | REPORTS 4 MILLION MEMBERS IN ACFL; 500 000 UNEMPLOYED IN SHANGHAI | CIA-RDP80-00809A000600310655-0 |
| 44 | FOREIGN RADIO COMMENTS RELATED TO THE KOREAN SITUATION, NO. 2 | CIA-RDP78-04864A000100100056-8 |
| 45 | ORGANIZATION OF THE CHI-NESE COMMUNIST CENTRAL POLITICAL BUREAU | CIA-RDP80-00809A000600320783-7 |
| 46 | PARTISANS OF PEACE MOVE-MENT CLAIM 10 MILLION SIG-NATURES IN CHINA | CIA-RDP80-00809A000600330194-0 |
| 47 | CCP TRAINS POLITICAL AND LABOR CADRES | CIA-RDP80-00809A00060030737-7 |
| 48 | CHARGES US USING UN AS TOOL OF AGGRESSION; ANTI-US MOVEMENT BEING INSTI-TUTED | CIA-RDP80-00809A000600330789-0 |

续前表

| 序号 | 情报生产时间及中英文标题 | 文档编号（FOIA）/ESDN（CREST） |
|---|---|---|
| 49 | NORTHEAST YOUTH CORPS MEMBERS JOIN CCP; GOVERNMENT PROMOTES RACIAL SOLIDARITY | CIA-RDP80-00809A000600330851-0 |
| 50 | APPROVES OFFICIALS OF THE CHAHAR AND KIRIN PROVINCIAL PEOPLE'S GOVERNMENTS | CIA-RDP80-00809A000600340207-4 |
| 51 | CHINESE WAR ANNIVERSARY PROPAGANDA IDENTIFIES USA WITH JAPANESE AGGRESSION | CIA-RDP80-00809A000600340599-0 |
| 52 | DECISIONS OF CENTRAL AND SOUTH CHINA BUREAU ON STUDY FOR CADRES NOW IN SERVICE | CIA-RDP80-00809A000600340515-2 |
| 53 | CCP AUTHORITIES PERMIT NON-PARTY PRESS COVERAGE BUT CENSOR KOREAN WAR NEWS | CIA-RDP80-00809A000600350577-3 |
| 54 | CHINESE ANNOTATED BIBLIOGRAPHY, ITEM 421 (ECONOMIC) | CIA-RDP80-00809A000700140020-2 |
| 55 | CHINESE ANNOTATED BIBLIOGRAPHY ITEM-9 (ECONOMIC) | CIA-RDP80-00809A000700210152-5 |
| 56 | THE LIFE OF WORKERS | CIA-RDP80-00809A000700110643-4 |
| 57 | CHINESE ANNOTATED BIBLIOGRAPHY, ITEM 486 (ECONOMIC) | CIA-RDP80-00809A000700140219-2 |

续前表

| 序号 | 情报生产时间及中英文标题 | 文档编号（FOIA）/ESDN（CREST） |
|---|---|---|
| 58 | CHINESE ANNOTATED BIBLIOGRAPHY, ITEM 425 (ECONOMIC) | CIA-RDP80-00809A000700140023-9 |
| 59 | A COMPARISON OF THE TWO CAMPS | CIA-RDP80-00809A000700130631-5 |
| 60 | HOW THE WORKERS OF THE SHANGHAI CH'ENG IRONWORKS INCREASED PRODUCTION AND CONTRIBUTIONS _ TO THE GOVERNMENT | CIA-RDP80-00809A000700110437-3 |
| 61 | CHINESE ANNOTATED BIBLIOGRAPHY, ITEM 456 (ECONOMIC) | CIA-RDP80-00809A000700140133-7 |
| 62 | CHINESE ANNOTATED BIBLIOGRAPHY, ITEM 429 (ECONOMIC) | CIA-RDP80-00809A000700140027-5 |
| 63 | THE UNSHACKLED PEASANTS SOUTH OF THE YANGTZE | CIA-RDP80-00809A000700130628-9 |
| 64 | HANDBOOK ON BROADCASTING TO WORKERS | CIA-RDP80-00809A000700120301-2 |
| 65 | DISCUSSES US METHODS OF AGGRESSION IN CHINA | CIA-RDP80-00809A000600370501-4 |
| 66 | COUNTERREVOLUTIONARY ACTIVITIES IN CHINA | CIA-RDP80-00809A000600390004-4 |
| 67 | COMPARISON OF SOVIET AND VOA RADIO PROPAGANDA | CIA-RDP78-0486A000200020003-4 |

续前表

| 序号 | 情报生产时间及中英文标题 | 文档编号（FOIA）/ESDN（CREST） |
|---|---|---|
| 68 | SINO-SOVIET PROPAGANDA ON SOUTHEAST ASIA | CIA-RDP80-00809A000500730217-7 |
| 69 | TRANSPORT WORKERS VOLUN-TEER FOR KOREAN CAMPAIGN; MORE WOMEN BEING USED FOR RR WORK，PATROLS | CIA-RDP80-00809A000600400319-3 |
| 70 | DEVELOPMENT OF THE COM-MUNIST PRESS IN CHINA | CIA-RDP80-00809A000600400720-7 |
| 71 | WEAKNESSES IN PROPAGAN-DA NETWORK AND MATERI-ALS ACCORDING TO TWO CHI-NESE WRITERS | CIA-RDP80-00809A000700030017-8 |
| 72 | WRITER SCORES 6 NORTH-WEST NEWSPAPER FOR HAN-DLING OF REPORTS ON SSFA CONFERENCE，STALIN'S AT-OM BOMB STATEMENT | CIA-RDP80-00809A000700050435-2 |
| 73 | CHINESE ANNOTATED BIBLI-OGRAPHY，ITEM 452（ECO-NOMIC) | CIA-RDP80-00809A000700140129-2 |
| 74 | CORPS MEMBERS ARISE AND JOIN THE ANTICORRUPTION，ANTIWASTE，AND ANTI-BU-REAUCRATISM MOVEMENT | CIA-RDP80-00809A000700110320-2 |
| 75 | NATIONAL INDEPENDENCE VIC-TORIES PREREQUISITE FOR PEACE ACCORDING TO CHINESE COMMUNIST PROPAGANDA | CIA-RDP80-00809A000700090052-3 |

附录 1 中情局涉华宣传解密情报索引

续前表

| 序号 | 情报生产时间及中英文标题 | 文档编号 (FOIA)/ESDN (CREST) |
|---|---|---|
| 76 | MUTUAL AID | CIA-RDP80-00809A000700110645-2 |
| 77 | RESOLUTELY DRIVE BACK THE CRIMINAL ASSAULT OF THE BOURGEOISIE | CIA-RDP80-00809A000700110316-7 |
| 78 | TREATMENT OF REPUDIATION OF COMPROMISE WITH WEST IN CHINESE COMMUNIST PRESS, PERIODICALS, FIRST QUARTER 1952 | CIA-RDP80-00809A000700060536-9 |
| 79 | LECTURES ON LABOR EMULATION | CIA-RDP80-00809A000700120255-4 |
| 80 | NANKING ORGANIZES CITY PROPAGANDA TEAMS | CIA-RDP80-00809A000700090470-9 |
| 81 | THE TEN GREAT POLICIES OF AGRICULTURAL PRODUCTION | CIA-RDP80-00809A000700110228-5 |
| 82 | CHINESE ANNOTATED BIBLIOGRAPHY ITEM-4 ( ECONOMIC) | CIA-RDP80-00809A000700210147-1 |
| 83 | RECOGNIZE CLEARLY THE NATURE OF THE BOURGEOISIE | CIA-RDP80-00809A000700120064-6 |
| 84 | SHIH YU-HAI AND HIS COAL DIGGING UNIT | CIA-RDP80-00809A000700110683-0 |
| 85 | AID GIVEN TO NEW CHINA BY SOVIET SPECIALISTS | CIA-RDP80-00809A000700120303-0 |
| 86 | APPOINTMENTS SUBMITTED TO 17TH SESSION, CENTRAL PEOPLE'S GOVERNMENT COUNCIL, CHINA | CIA-RDP80-00809A000700130351-6 |

续前表

| 序号 | 情报生产时间及中英文标题 | 文档编号 （FOIA）/ESDN （CREST） |
|---|---|---|
| 87 | OUR COUNTRY'S FIRST COL-LECTIVE FARM | CIA-RDP80-00809A000700110217-7 |
| 88 | DEVELOPMENT OF REGIONAL AUTONOMY IN NORTHWEST CHINA MINORITY NATIONALI-TY AREAS，1951 | CIA-RDP80-00809A000700070050-7 |
| 89 | CHINESE COMMUNIST PARTY AS THE ORGANIZER AND LEADER OF THE CHINA NEW DEMOCRACY YOUTH CORPS | CIA-RDP80-00809A000700070293-8 |
| 90 | MAO'S WORKS，TEXTBOOKS，AND PROPAGANDA TRANS-LATED AND PUBLISHED IN MI-NORITY LANGUAGES | CIA-RDP80-00809A000700070408-0 |
| 91 | DROP IN SUBSCRIPTIONS TO CHINESE COMMUNIST PUBLI-CATIONS | CIA-RDP80-00809A000700070454-9 |
| 92 | YOUTH CORPS AND CCP IN VILLAGE PROPAGANDA WORK | CIA-RDP80-00809A000700080115-4 |
| 93 | THREE LEADERS OF CHINA WORKERS-PEASANTS DEMO-CRATIC PARTY CONFESS IDEO-LOGICAL ERRORS | CIA-RDP80-00809A000700060312-7 |
| 94 | CHINA USES FOREIGN EXCHA-NGE TO BUY STRATEGIC MA-TERIALS；PORTS OPEN FOR NEUTRAL SHIPS | CIA-RDP80-00809A000700090145-0 |

续前表

| 序号 | 情报生产时间及中英文标题 | 文档编号（FOIA）/ESDN（CREST） |
|---|---|---|
| 95 | NORTH CHINA PARTY PROPA-GANDA WORKERS NUMBER ALMOST ONE MILLION | CIA-RDP80-00809A000700090311-5 |
| 96 | EPIDEMIC CONTROL IN CEN-TRAL-SOUTH CHINA BW DE-FENSE AND ARMY HEALTH | CIA-RDP80-00809A000700070486-4 |
| 97 | TYPES AND EXPERIENCES OF LABOR MUTUAL AID（GREAT PRODUCTION MOVEMENT，SE-RIES II） | CIA-RDP80-00809A000700110356-3 |
| 98 | POLITICAL；SOCIOLOGICAL INT-ERNATIONAL RELATIONS | CIA-RDP80-00809A000700210020-1 |
| 99 | CHINESE ANNOTATED BIBLI-OGRAPHY，ITEM 32（ECO-NOMIC） | CIA-RDP80-00809A00000220011-0 |
| 100 | CHINESE ANNOTATED BIBLI-OGRAPHY，ITEM 24（ECO-NOMIC） | CIA-RDP80-00809A000700220003-9 |
| 101 | CHINESE ANNOTATED BIBIOG-RAPHY，ITEM 15（ECONOMIC） | CIA-RDP80-00809A000700210294-8 |
| 102 | CHINESE ANNOTATED BIBLI-OGRAPHY，ITEM 45（ECO-NOMIC） | CIA-RDP80-00809A000700220112-8 |
| 103 | ANNOTATED BIBLIOGRAPHY，ITEM72（ECONOMIC） | CIA-RDP80-00809A000700220295-6 |
| 104 | HANDBOOK ON INDUSTRY AND COMMERCE（SERIES I） | CIA-RDP80-00809A000700110209-6 |

续前表

| 序号 | 情报生产时间及中英文标题 | 文档编号 (FOIA)/ESDN (CREST) |
|---|---|---|
| 105 | INCREASE PRODUCTION, PRACTICE ECONOMY, OPPOSE CORRUPTION, OPPOSE WASTE, AND OPPOSE BUREAUCRATISM (PROPAGANDA MATERIALS FOR STUDY) | CIA-RDP80-00809A000700110319-4 |
| 106 | SEARCH THE MOUNTAINS AND HUNT DOWN THE TIGERS | CIA-RDP80-00809A000700110312-1 |
| 107 | HOW THE BOURGEOISIE CRIMINALLY ATTACKS (THE MASSES) | CIA-RDP80-00809A000700110313-0 |
| 108 | HOW TO CONDUCT PROPAGANDA FOR THE YOUTH CORPS | CIA-RDP80-00809A000700120116-8 |
| 109 | PROGRESSIVELY INTENSIFY THE INCREASE PRODUCTION, PRACTICE ECONOMY MOVEMENT | CIA-RDP80-00809A000700120302-1 |
| 110 | PROPAGANDA AND AGITATION WORK IN FACTORIES | CIA-RDP80-00809A000700120300-3 |
| 111 | CHINESE ANNOTATED BIBLIOGRAPHY, ITEM 42 (ECONOMIC) | CIA-RDP80-00809A000700220109-2 |
| 112 | POLITICAL; SOCIOLOGICAL, ELECTION PLANS | CIA-RDP80-00809A000700140097-8 |
| 113 | HOW TO STRENGTHEN PROPAGANDA NETWORKS IN FACTORIES | CIA-RDP80-00809A000700140083-3 |

续前表

| 序号 | 情报生产时间及中英文标题 | 文档编号 (FOIA)/ESDN (CREST) |
|---|---|---|
| 114 | PROPAGANDA，BROADCASTING AND MONITORING | CIA-RDP80-008809A000700140337-1 |
| 115 | DIRECTIVE TO STRENGTHEN RURAL PROPAGANDA IN INNER MONGOLIA | CIA-RDP80-00809A000700170271-1 |

## 四、对外广播和信息服务局对新中国宣传的研究

| 序号 | 情报生产时间及中英文标题 | 文档编号 (FOIA)/ESDN (CREST) |
|---|---|---|
| 1 | OFFICIAL CATALOGUE OF PERIODICALS PUBLISHED IN CHINA | CIA-RDP80-00809A000700170213-5 |
| 2 | REVISION OF DISTRIBUTION METHODS FOR CHINESE COMMUNIST PUBLICATIONS | CIA-RDP80-00810A002000060003-0 |
| 3 | POLITICAL DATA，DECEMBER 1953，EXTRACTED FROM CHINESE COMMUNIST PRESS | CIA-RDP80-00809A000700180439-4 |
| 4 | DECISION ON SETTING UP A MOTION-PICTURE NETWORK AND THE MOTION-PICTURE INDUSTRY IN CHINA | CIA-RDP80-00809A000700190145-9 |
| 5 | CHINESE COMMUNIST BROADCASTS TO FORMOSA | CIA-RDP79R01012A006300040037-0 |
| 6 | FBIS REPORTS，BROADCASTS FROM COMMUNIST CHINA | CIA-RDP83-00764R000500090010-8 |

续前表

| 序号 | 情报生产时间及中英文标题 | 文档编号（FOIA）/ESDN（CREST） |
|---|---|---|
| 7 | MONTHLY PROGRESS REPORT FOR DECEMBER 1958 | CIA-RDP83-00586R000300170002-1 |
| 8 | DIRECTORY OF THE INTERNA-TIONAL RADIO AND TELEVI-SION ORGANIZATION（OIRT） | CIA-RDP78-00915R001300110006-9 |
| 9 | CHICOM PUBLICATIONS | CIA-RDP82M00097R001400110001-4 |
| 10 | RED CHINA'S VAST PROPA-GANDA MILL GRINDS ON | CIA-RDP88-01314R000300450029-3 |
| 11 | CHINA：DEVELOPMENT OF NE-TWORK TELEVISION | CIA-RDP85T00875R001700040015-0 |

### 五、情报分局《硬目标分析》

*The CAESAR，POLO and ESAU Papers：Cold War Era Hard Target Analysis of Soviet and Chinese Policy and Decision Making，1953－1973*

| 序号 | 情报生产时间及标题 | 文档编号 |
|---|---|---|
| 1 | INDICATIONS OF SOVIET AWARENESSOF CHINESE PLANS FOR THE COMMUNES，SPRING-SUMMER 1958 | Esau-06 |
| 2 | THE COMMUNE：CONCEPTION AND EXPERIMENTA-TION，SPRING 1958 | Esau-02 |
| 3 | THE COMMUNE：REVELATION AND INITIAL OR-GANIZATION，SUMMER 1958 | Esau-05 |
| 4 | ORIGINS OF THE CHINESE "COMMUNE" PROGRAM | Esau-01 |
| 5 | THE CHINESE COMMUNIST IMPACT ON EAST GER-MANY | Esau-07 |
| 6 | THE COMMUNE, THE "GREAT LEAP FORWARD," AND SINO-SOVIET RELATIONS（AUGUST-DECEM-BER 1958） | Esau-08 |

续前表

| 序号 | 情报生产时间及标题 | 文档编号 |
|---|---|---|
| 7 | MAO TSE-TUNG ON STRATEGY, 1926—1957 (THE BACKGROUND OF THE SINO-SOVIET DISPUTE OF 1957—1960) | Esau-09 |
| 8 | THE SINO-SOVIET DISPUTE ON WORLD COMMUNIST STRATEGY (AUTUMN 1957-AUTUMN 1959) | Esau-10 |
| 9 | THE SINO-SOVIET DISPUTE (JUNE 1960 TO NOVEMBER 1960) | Esau-12 |
| 10 | THE SINO-SOVIET DISPUTE (THE 6 DECEMBER DECLARATION, AND SOVIET AND CHINESE PRESENTATIONS OF IT) | Esau-13 |
| 11 | SINO-SOVIET COMPETITION IN NORTH KOREA | Esau-14 |
| 12 | MAO TSE-TUNG AND HISTORICAL MATERIALISM | Polo-01 |
| 13 | MAO TSE-TUNG AND HISTORICAL MATERIALISM II. THE STATE FORM | Polo-02 |
| 14 | MAOTSE-TUNGANDHISTORICALMATERIALISMⅢ. "CONTRADICTIONS" IN A "SOCIALIST" SOCIETY | Polo-04 |
| 15 | MAO TSE-TUNG AND HISTORICAL MATERIALISM IV.. THE "TRANSITION TO SOCIALISM" | Polo-03 |
| 16 | THE CHINESE COMMUNIST LEADERSHIP, 1958—1961 | Polo-05 |
| 17 | THE SINO-SOVIET DISPUTE ON WORLD COMMUNIST STRATEGY (ITS DEVELOPMENT FROM AUTUMN 1959 TO SUMMER 1960) | Esau-11 |
| 18 | THE INDIAN COMMUNIST PARTY AND SINO-SOVIET DISPUTE | Esau-15 |
| 19 | THE NEW STAGE OF THE SINO-SOVIET DISPUTE (OCTOBER 1961-JANUARY 1962) | Esau-16 |

续前表

| 序号 | 情报生产时间及标题 | 文档编号 |
|---|---|---|
| 20 | THE STATE OF SINO-SOVIET RELATIONS AT THE NEW YEAR | Esau-20 |
| 21 | THE SINO-INDIAN BORDER DISPUTE SECTION 1: 1950—59 | Polo-07 |
| 22 | SOVIET MILITARY STRATEGY AND THE CHINESE PROBLEM | Caesar-32 |
| 23 | THE SINO-INDIAN BORDER DISPUTE SECTION 2: 1959—61 | Polo-08 |
| 24 | THE SINO-SOVIET STRUGGLE IN CUBA AND THE LATIN AMERICAN COMMUNIST MOVEMEN | Esau-22 |
| 25 | THE SINO-INDIAN BORDER DISPUTE SECTION 3: 1961—62 | Polo-09 |
| 26 | THE SINO-SOVIET CONFLICT IN THE FRONTS-SEPTEMBER 1962-DECEMBER 1963 | Esau-24 |
| 27 | COMMUNIST CHINA'S DOMESTIC CRISIS: THE ROAD TO 1964 | Polo-10 |
| 28 | THE SHOWDOWN ON SOVIET AUTHORITY IN THE "MOVEMENT" | Esau-26 |
| 29 | THE SINO-VIETNAMESE EFFORT TO LIMIT AMERICAN ACTIONS IN THE VIETNAM WAR | Polo-11 |
| 30 | POLITICAL PROBLEMS IN COMMUNIST CHINA | Polo-12 |
| 31 | THE 1965 SINO-SOVIET-VIETNAMESE CONTROVERSY OVER SOVIET MILITARY AID TO NORTH VIETNAM | Esau-27 |
| 32 | ASIAN COMMUNIST EMPLOYMENT OF NEGOTIATIONS AS A POLITICAL TACTIC | Esau-30 |

续前表

| 序号 | 情报生产时间及标题 | 文档编号 |
|---|---|---|
| 33 | THE DISINTEGRATION OF JAPANESE COMMUNIST RELATIONS WITH PEKING | Esau-31 |
| 34 | THE SINO-SOVIET STRUGGLE IN THE WORLD COMMUNIST MOVEMENT SINCE KHRUSHCHEV'S FALL (PART 3) | Esau-35 |
| 35 | THE SINO-SOVIET STRUGGLE IN THE WORLD COMMUNIST MOVEMENT SINCE KHRUSHCHEV'S FALL (PART 1) | Esau-33 |
| 36 | THE SINO-SOVIET STRUGGLE IN THE WORLD COMMUNIST MOVEMENT SINCE KHRUSHCHEV'S FALL (PART 2) | Esau-34 |
| 37 | MAO'S "CULTURAL REVOLUTION": ORIGIN AND DEVELOPMENT | Polo-14 |
| 38 | THE P. L. A. AND THE "CULTURAL REVOLUTION" | Polo-15 |
| 39 | THE SINO-SOVIET DISPUTE WITHIN THE COMMUNIST MOVEMENT IN LATIN AMERICA | Esau-32 |
| 40 | TEN YEARS OF CHINESE COMMUNIST FOREIGN POLICY SOUTH AND SOUTHEAST ASIA | Polo-17 |
| 41 | MAO'S RED GUARD DIPLOMACY: 1967 | Polo-21 |
| 42 | ANNEX: THE SINO-SOVIET DISPUTE ON AID TO NORTH VIETNAM（1965—1968） | Esau-38 |
| 43 | THE ROLE OF THE RED GUARDS AND REVOLUTIONARY REBELS IN MAO'S CULTURAL REVOLUTION | Polo-24 |
| 44 | THE ROLE OF THE RED GUARDS AND REVOLUTIONARY REBELS IN MAO'S CULTURAL REVOLUTION | Polo-25 |

纸上战场

续前表

| 序号 | 情报生产时间及标题 | 文档编号 |
|---|---|---|
| 45 | TEN YEARS OF CHINESE COMMUNIST FOREIGN POLICY SECTION II: SOUTH AND SOUTHEAST ASIA | Polo-18 |
| 46 | MAO'S "CULTURAL REVOLUTION" IN 1967: THE STRUGGLE TO "SEIZE POWER" | Polo-19 |
| 47 | TEN YEARS OF CHINESE COMMUNIST FOREIGN POLICY SECTION I: POLICY TOWARD THE US AND THE DIPLOMATIC ISOLATION OF TAIPEI | Polo-16 |
| 48 | THE CULTURAL REVOLUTION AND THE NINTH PARTY CONGRESS | Polo-27 |
| 49 | COMMUNIST CHINA: THE POLITICAL SECURITY APPARATUS II. DESTRUCTION AND RECONSTRUCTION, 1965—1969 | Polo-28 |
| 50 | THE EVOLUTION OF SOVIET POLICY IN SINO-SOVIET BORDER DISPUTE | Esau-44 |
| 51 | THE CULTURAL REVOLUTION AND THE NEW POLITICAL SYSTEM IN CHINA | Polo-30 |
| 52 | SOVIET THINKING ABOUT THE DANGER OF SINO-U. S. RAPPROCHEMENT | Esau-50 |
| 53 | PEKING AND THE BURMESE COMMUNISTS: THE PERILS AND PROFITS OF INSURGENCY | Esau-52 |
| 54 | THE INTERNATIONAL LIAISON DEPARTMENT OF THE CHINESE COMMUNIST PARTY | Polo-33 |
| 55 | SOVIET THINKING ABOUT THE DANGER OF SINO-U. S. RAPPROCHEMENT | Esau-50 |

250

## 六、情报分局《中共在亚非拉》

| 序号 | 情报生产时间及中英文标题 | 文档编号 (FOIA)/ESDN (CREST) |
|---|---|---|
| 1 | THE THAI AUTONOMOUSAR-EA IN COMMUNIST CHINA | CIA-RDP91T01172R000200290057-8 |
| 2 | COMMUNIST CHINA'S PEOPLE'S DIPLOMACY | CIA-RDP81-01043R000600070026-6 |
| 3 | THE PATTERN OF COMMU-NIST PROPAGANDA CONCERN-ING LAOS 1955—1956 | CIA-RDP78-00915R000600080005-2 |
| 4 | COMMUNIST CHINA'S ROLE IN NON-COMMUNIST ASIA | CIA-RDP98-00979R000400480001-5 |
| 5 | CHINESE COMMUNIST INTERNA-TIONAL ACTIVITIES AND CON-TACTS | CIA-RDP78-00915R000800120001-9 |
| 6 | LATIN AMERICAN COMMUNIST PARTY DELEGATIONS IN MOS-COW AND COMMUNIST CHINA | CIA-RDP78-00915R001100040006-9 |
| 7 | CHINESE COMMUNISM AND LA-TIN AMERICA | CIA-RDP80-01445R000100180001-8 |
| 8 | LATIN AMERICAN TRIP OF □□□□□□ 27 FEBRUARY-16 APRIL 1960 | CIA-RDP68-00069A000100090003-6 |
| 9 | EVALUATION OF REPORTS ON CHINESE COMMUNIST PRES-ENCE IN CUBA，AND CUBAN SUBVERSION IN LATIN AMERI-CA | CIA-RDP79T00429A000400040003-9 |

续前表

| 序号 | 情报生产时间及中英文标题 | 文档编号 （FOIA）/ESDN （CREST） |
|---|---|---|
| 10 | CHINESE COMMUNIST ACTIVI-TIES IN AFRICA 30 APRIL 1965 | CIA-RDP79T00472A000700020040-6 |
| 11 | CHINESE COMMUNIST ACTIVI-TIES IN LATIN AMERICA 30 A-PRIL 1965 | CIA-RDP79T00472A000700020038-9 |
| 12 | CHINESE COMMUNIST ACTIVI-TIES IN AFRICA | CIA-RDP79T00472A000800010012-7 |
| 13 | COMMUNIST CHINA AND THE ARAB WORLD | CIA-RDP79-00927A005000060003-0 |
| 14 | COMMUNIST CULTURAL AND PROPAGANDA ACTIVITIES IN THE LESS DEVELOPED COUN-TRIES. | 无编号 |
| 15 | PEKING'S SETBACKS IN INDO-NESIA | CIA-RDP79-00927A005200080002-7 |
| 16 | CHINA AND SOUTHEAST ASIA A GENTLE RAPPROCHEMENT | CIA-RDP79M00098A000200150002-2 |
| 17 | CHINESE FOREIGN POLICY | CIA-RDP85T00875R001100130026-4 |
| 18 | CHINA AND THE LESSER DRAG-ONS | CIA-RDP85T00875R001100140013-7 |

# 附录 2　一篇完整的《外国文件和广播信息》

25X1

CLASSIFICATION CONFIDENTIAL **CONFIDENTIAL**

CENTRAL INTELLIGENCE AGENCY　　REPORT NO.

INFORMATION FROM
FOREIGN DOCUMENTS OR RADIO BROADCASTS　CD NO.

| | |
|---|---|
| COUNTRY　**VARIOUS** | DATE OF INFORMATION　December 1949 |
| SUBJECT　SOME STATION CHARACTERISTICS OF ASIAN RADIOS FORMERLY MONITORED AT HAWAII | |
| HOW PUBLISHED　Radio Broadcasts and Morse Transmissions | DATE DIST.　'4 MAY 50 |
| WHERE PUBLISHED | NO. OF PAGES　9 |
| DATE PUBLISHED　Prior to December 1949 | |
| LANGUAGE　Several | SUPPLEMENT TO REPORT NO. |

RETURN TO CIA LIBRARY

THIS DOCUMENT CONTAINS INFORMATION AFFECTING THE NATIONAL DEFENSE OF THE UNITED STATES WITHIN THE MEANING OF ESPIONAGE ACT 50 U. S. C., 31 AND 32, AS AMENDED. ITS TRANSMISSION OR THE REVELATION OF ITS CONTENTS IN ANY MANNER TO AN UNAUTHORIZED PERSON IS PRO- HIBITED BY LAW. REPRODUCTION OF THIS FORM IS PROHIBITED.

THIS IS UNEVALUATED INFORMATION

SOURCE　**FBID**

Prior to the close of monitoring operations by the Hawaii Bureau of FBIS the staff of that station jointly prepared the following survey of broadcasting techniques and characteristics of radio stations monitored by the Bureau.

## C O N T E N T S

CLASSIFICATION　CONFIDENTIAL **CONFIDENTIAL**

| STATE | NAVY | NSRB | DISTRIBUTION |
|---|---|---|---|
| ARMY | AIR | FBI | |

# 附录3 同一篇情报，不同"消毒"结果

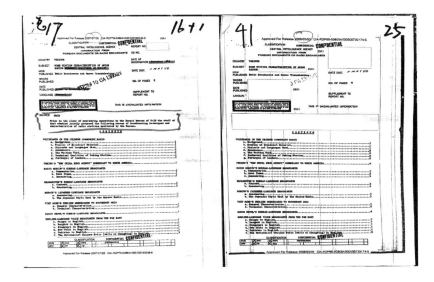

# 附录 4 解密情报《日共与北京关系的 分裂》封面

(14)

CONFIDENTIAL

| 47

RSS No. 0018/66
Copy No.
28 December 1966

DIRECTORATE OF
INTELLIGENCE

# Intelligence Report

THE DISINTEGRATION OF

JAPANESE COMMUNIST RELATIONS WITH PEKING

(Reference Title: ESAU XXXIII)

CONFIDENTIAL

# 附录 5 解密情报《共产党在欠发达国家的文化和宣传活动》封面

SECRET

16441

№ 118

CIA/RR ER 66-1
January 1966

CIA HISTORICAL REVIEW PROGRAM
RELEASE AS SANITIZED
1998

INTELLIGENCE REPORT

COMMUNIST CULTURAL
AND PROPAGANDA ACTIVITIES
IN THE LESS DEVELOPED COUNTRIES

DIRECTORATE OF INTELLIGENCE
Office of Research and Reports

SECRET

GROUP 1
Excluded from
downgrading and
declassification

**图书在版编目（CIP）数据**

纸上战场：美国中情局涉华国际传播的信息遮蔽：
1949—1972/陈强著 . -- 北京：中国人民大学出版社，
2025.7. -- ISBN 978-7-300-34071-5

Ⅰ. D871.20

中国国家版本馆 CIP 数据核字第 2025D1A030 号

**纸上战场**

美国中情局涉华国际传播的信息遮蔽（1949—1972）

陈　强　著

Zhi Shang Zhanchang

| | | | | | |
|---|---|---|---|---|---|
| **出版发行** | 中国人民大学出版社 | | | | |
| **社　　址** | 北京中关村大街 31 号 | | **邮政编码** | 100080 | |
| **电　　话** | 010 - 62511242（总编室） | | 010 - 62511770（质管部） | | |
| | 010 - 82501766（邮购部） | | 010 - 62514148（门市部） | | |
| | 010 - 62511173（发行公司） | | 010 - 62515275（盗版举报） | | |
| **网　　址** | http://www.crup.com.cn | | | | |
| **经　　销** | 新华书店 | | | | |
| **印　　刷** | 北京尚唐印刷包装有限公司 | | | | |
| **开　　本** | 890 mm×1240 mm　1/32 | | **版　　次** | 2025 年 7 月第 1 版 | |
| **印　　张** | 8.25 插页 4 | | **印　　次** | 2025 年 8 月第 2 次印刷 | |
| **字　　数** | 175 000 | | **定　　价** | 79.80 元 | |